망각과 영원에 대하여

송재은

On Oblivion and Eternity

삶을 수놓는 영화 속 장면들

망각과 영원에 대하여

송재은

코멘터리 온 더 필름

어릴 때는 영화를 많이 보며 제가 또래보다 웃자란 아이라고 생각했습니다. 어른들의 이야기를 잘 아는 아이가 된 것 같았거든요. 대학에 가서는 친구들과 영화를 보러 다니며 자연스레 영화 기자나 비평가가 된다면 어떨까 상상했습니다. 하지만 영화를 소재로 글을 쓸수록 나는 영화를 소개하고 설명하기 보다는 영화를 빌어 내 이야기를, 타인과 함께 하고픈 이야기를 발견하고 싶어한다는 걸 깨달았습니다. 이제 영화와는 관련 없는 집필 노동을 하며, 책을 내고, 종종 영화 커뮤니티에서 모임을 진행합니다. 제가 발견한 영화 속 삶의 단서를 통해 인생을 노래하는 일의 기쁨을 들려드리려 해요.

우리는 무엇이 맞는 삶인지, 내가 선택하지 않은 길이 어떤 모습인지 영영 모르고 살아가겠지요. 다만 할 수 있는 일은 그저 각자의 기준에 맞춰 오늘의 내가 내릴 수 있는 최선의 선택을 하고, 그 삶을 소중히 살아가는 것이라는 생각을 합니다.

타인의 삶, 이야기. 그것은 늘 완벽하지 않고 정답이

될 수도 없겠지만, 자신의 삶에서 무언가를 배우고, 자신만의 이유와 답을 찾아가는 사람의 이야기를 들을 때면 새로운 나를 만나게 됩니다. 그 이야기는 내 안에 정리되지 못한 채 존재하던 나의 가치관을 정리해 보게 하죠.

영화를 보며 제 자신이 궁금했습니다. 숱한 아쉬움과 후회, 미련과 걱정을 드러내는 배우들의 표정과 내가 영영 알 수 없던 타인의 삶을 지켜볼 수 있어 좋았습니다.

아름다운 문장과 장면으로 표현한 인생을 읽을 때면, 세상을 시적으로 보는 방식을 배우는 기분이 듭니다. 하지 만 삶을 늘 포장지에 감싸 들고다닐 수는 없지요. 저는 제가 딛고 선 현실을 이야기 하는 투박한 문장과 장면 또 한 무척 아끼고 좋아합니다.

우리는 이 삶을 전부 선택한 것은 아니지만, 살다보니 그렇게 됐고, 그런대로 매순간 최선의 선택을 하며 살아갑니다. 삶이란 대체로 그런 것 같습니다. 꼭 그러려고 한 건 아닌데, 원하는 대로 알아서 굴러가질 않으니 세상과 줄다리기 하듯, 줄 건 주고, 주장할 건 주장하면서 삶의 균형을 맞춰갑니다. 다만 어떨까 고민하는 것만으로는 충분하지 않을 때가 많습니다. 그래서 우리는 영화를 보고, 책을 읽고, 대화를 합니다. 가끔은 나를 모르는 사람들과 고민을 나눌 때 솔직해질 수 있기도 합니다.

저는 영화를 보고 그 이야기를 통해 나 자신을 비추어 보며 스스로에게 솔직해지는 기분이 좋습니다, 타인의 삶을 들여다보며 그들을 얼마나 이해하고 하지 못하고를 통해 나는 어떤 사람인지 발견해 갑니다. 그런 발견을 옮겨 담은 이야기의 말미에서, 당신도 자신을 더 알게 되기를 바랍니다.

이야기들

1부 | 그것은 구원이 아니었네

몇 등 하고 싶으세요? | 영화 <4등> 10

왜 상처는 치유가 안되고 늘어나기만 할까
| 영화 <악마는 사라지지 않는다> 16

빚 지는 삶 | 영화 <소공녀> 22

소중하지 않은 기분 | 영화 <이니셰린의 밴시> 26

우리는 화해할 수 있을까 | 영화 <경아의 딸> 30

2부 | 사랑으로부터 배운 것

바라보다. 당신을 바라보는 나를. | 영화 <내 사랑> 40

나를 사랑하는 일이 당신을 사랑하는 일 같다
| 영화 <내 생에 가장 아름다운 일주일> 48

오늘도 거미를 잡으며 | 영화 <애니 홀> 54

별 네 개 준 영화 내용이 기억나지 않을 때 |
영화 <엣지 오브 투모로우>와 <500일의 썸머> 58

기억의 숲에서 우리가 찾는 것 | 영화 <애프터 양> 64

사랑을 잃고 나는 쓰네 | 영화 <찬실이는 복도 많지> 74

누가 나를 사랑해줄까 | 영화 <월플라워> 80

3부 | 나를 넘어설 수 있다면

우리가 서로의 주석이 된다면 | 영화 <타인의 삶> 88

탈피 | 영화 <빠삐용> 94

각자의 사정 | 영화 <12인의 성난 사람들> 100

무서운 게 있어서 다행이야
| 영화 <너의 눈을 들여다보면>과 <쁘띠 마망> 106

우리는 견디는 대신 사는 것이다 | 영화 <파도가 지나간 자리> 112

슬픔이 잊힐 때 | 영화 <아이히만 쇼>와 <나는 부정한다> 118

디즈니 보면서 우는 어른 | 영화 <메이의 새빨간 비밀> 128

나가며 | 해질녘의 영원한 변화 134

1부 | 그것은 구원이 아니었네

몇 등 하고 싶으세요? | 영화 <4등>

왜 상처는 치유가 안되고 늘어나기만 할까
| 영화 <악마는 사라지지 않는다>

빚 지는 삶 | 영화 <소공녀>

소중하지 않은 기분 | 영화 <어니셰런의 밴시>

우리는 화해할 수 있을까 | 영화 <경아의 딸>

몇 등 하고 싶으세요?

영화 <4등>(2016)

모두가 일등을 꿈꿀까? 방송 <라디오 스타>에 출연한 배우 류승수가 아무도 내가 부자인 걸 모르는 부자가 되고 싶다고 한 것처럼 누군가는 눈에 띄는 삶을 꿈꾸지 않는다. 이 태도를 순위로 치환할 수 있을까. 이등으로 족한 것도 아니고 꼴등이 되고 싶은 마음 또한 내 것은 아니다. 적어도 감투를 쓰는 모습의 성공이 내가 바라는 미래는 아니다. 시합에서 동메달을 따는 것보다 은메달을 땄을 때 박탈감을 더 크게 느낀다고 한다. 천국과 지옥은 한끗 차이다. 동메달은 순위에 들었다는 사실에 더 큰 안도감을 느낀다고 한다. 발 밑이 낭떠러지인 셈이다.

영화 <4등>에서 초등학생 준호는 늘 4등을 해서 엄마를 속 터지게 한다. 발돋움 한 번이면 메달을 목에 걸 수도 있을 것 같은데, 야무지게 포기하기엔 고지가 눈 앞이라는 생각에 애간장이 탄다. 극성맘 정애는 악마에게 영혼을 팔아서라도 준호가 메달을 따게 만들겠다고 다짐한다. 정애의 것을 팔겠다는 말이 아니라 준호의 영혼이 상처 받더라도 일등만 할 수 있다면 그 정서 장애까지 감수 하겠다는 선언이다. 정애가 소개받은 코치 동수는 준호를 때리며 가르친다. 눈치 빠른 동생은 입을 다물고, 엄마는 보지 못한 척한다. 준호는 아빠에게 그 사실을 말하지 않는다. 덕분에 메달을 딴 준호는 메달도 좋지만, 메달이 곧 수영이라면 더 이상 수영이 하기 싫다.

준호가 더는 맞고 싶지 않아서 수영을 그만두겠다고 하자 정애는 "엄마랑 같이 열심히 했는데 니가 무슨 권리로 수영 그만둬!"하며 준호를 나쁜노무 새끼로 만든다. 수영이 그리운 준호가 수영장에 무단침입한 날, 정애는 다시 말한다. "준호야 너 왜 그래? 하랄 때는 싫다더니."

정애가 준호에게 하라고 했던 것은 수영일까. 준호가 하고 싶었던 것은 그 수영이 맞나. 정애가 원했던 것은 메달이고, 준호가 원하는 것은 단지 마음껏 좋아할 자유뿐이다. 둘은 한 번도 수영이라는 단어에 담긴 의미에 합의를 본 적이 없다. 준호는 코치를 찾아가 다시 '수영'을 가르쳐달라고 말한다. 메달을 따게 해달라고, 그래야 계속 '수영'을 할 수 있다고. 준호가 말하는 수영들은 같은 것이 아니다. '좋아하는' 수영을 '할 수 있게 하는' 수영 두 가지다. 무엇을 마음껏 좋아하기 위해서는 당위가 필요하다. 메달이 없다면, 메달을 따려는 간절함이 없다면 좋아하는 마음을 충분히 증명할 수 없으므로 계속 수영장에 갈 수는 없다. 그게 규칙이다. 수영장을 떠나고 싶다면 다른 레일의 모두를 이길 수 있는 새로운 시합에 뛰어들어야 한다. 엄마는 준호를 포기하고 동생과 새로운 파트너가 된다.

우리는 모두 최고를 향해 달려가고 있는 걸까. 정말 우리 모두가 1등이 되길 바란다고 믿는 것은 폭력이 아닌가. 준호에게 폭력을 휘두르는 코치 동수는 자신이 학생일 때 때려서라도 바른 길로 이끈 선생이 없어 망가졌다고 하지만, 정애에게 계속해서 엄마만 없으면 준호가 성공할 수 있을 거라고 말한다. 동수는 알고 있다. 폭력을 정당화 하고 싶은 마음은, 스스로의 미래를 방치한 것에 대한 면죄부를 얻으려 발버둥치는 것일뿐임을. 아이를 망가뜨리는 건 선택권을 빼앗는 것이고, 아이는 좋아하는 마음을 스스로 책임질 수 있어야 한다는 사실을.

엄마는 절규한다. 준호 탓에 더는 메달을 꿈꿀 수 없게 되었다고 믿으며 "엄마랑 같이 열심히 했는데 니가 무슨 권리로 수영 그만둬!" 말하는 엄마는 가족 모두를 위해 소원을 빌었지만 자신에게 주고 싶은 선물은 찾지 못한다. 그녀에겐 타인을 제외하고 자신을 설명할 언어가 없다. 타인의 꿈을 나눠 꾸는 사람은 각자에게 주어진 일인분의 질서를 교란해 우리 모두를 비참하게 만든다. 그걸 이 시대의 어머니 모습으로 만드는 것에 동의하진 않는다. 다만 나 아닌 것에 미래를 거는 일의 쓸쓸함이 준호가 잠수한 물 속을 파고드는 호각과 고함 소리가 되어 수영장 위를 둥둥 떠다닌다. 우리는 얼마나 많은 시간을 내가 아닌 것에 쏟고 그것이 나의 삶을 바꾸길 기다리나.

무엇이 되고 싶다는 목표보다는 무엇을 하고 싶은지 생각해본다. 좋아하는 대상이 일이 되면 곧 싫증이 나거나 괴로워진다는데, 좋아하는 일은 나를 소모하지 않는다. 그 대상을 평소와 다른 입장, 곧 타인의 시선으로 바라보기 시작하면서 우리는 멀어진다. 마음을 증명해야만 하는 순간, 나와 좋아하는 일 사이에 제3

의 이해관계가 생기는 순간에 모두를 둘러싼 감투와 역할극이 우리를 더 이상 아무것도 좋아하지 못하는 사람으로 만들뿐이다.

영화 포스터에서 미소 짓는 준호를 본다. 수면 아래 가장 깊숙한 곳, 햇살과 천장 유리창이 풀장 바닥에 만든 네모난 햇살의 구역에 내려 앉은 준호는 말한다. 그 안에서 햇살을 받고 있으면 에너지가 충전된다고. 좋아하는 것을 좋아하는 방식으로 소화할 자유가 있는지, 나는 그 방식을 알고는 있는지, 그리고 좋아하고 있는지. 몇 등이 되고 싶으냐는 말 대신 물어보고 싶다. 당신에게 삶을 헤쳐나갈 마음의 근육이 있는지.

왜 상처는 치유가 안되고 늘어나기만 할까
영화 <악마는 사라지지 않는다>(2020)

흉터는 치료할 수 있다. 점을 빼면 그 위에 남은 자국마저 지워준다. 흉터 치료를 하면 정말 흉터는 사라지나. 이미 패인 곳을 패이기 전으로 똑같이 되돌릴 수도 있는 걸까? 상처는 아문다. 아문다는 것이 치유의 종착을 말하느냐 묻는다면 나는 아니라고 답한다. 여린 살이 올라오고 다시 단단해진 후에 그 자리는 여느 피부와 같은 역할을 하지만 환상통처럼 내부에서 다시 시작하는 고통은 어떻게 해야할까. 트라우마는 불현듯 느껴진다. 우리는 분명 아무것도 없는 자리에서 통증을 감지한다. 느닷없이 불러일으켜진 몸과 마음의 기억이 우리를 움츠러들게 한다.

영화 <악마는 사라지지 않는다>의 주인공 아빈은 아버지로부터 대를 물려 내려온 트라우마를 갖는다. 아버지 윌러드는 전쟁터에서 십자가에 못박힌 전쟁 포로를 본 뒤로 더 이상 기도하지 않는다. 제대 후 사랑하는 아내와 아이가 생기고, 윌러드는 사랑하는 이들을 위해 다시 기도를 시작하지만 곧 아픈 아내를 잃을 위기에 앞에서 그는 공포에 빠진다. 그의 기도는 실용적이고 직설적이다. 윌러드는 아빈에게 엄마를 살리고 싶지 않느냐 따져 물으며 목숨을 구걸하는 기도를 외운다. 영혼의 믿음을 생략한 그의 기도는 십자가에 제물을 바쳐 구원받고자 한다. 신의 이름 아래 자행된 참혹한 장면에 등을 돌렸던 그는 신의 이름 아래 자신의 잔혹성을 합리화한다. 치유하지 못한 트라우마는 한 사람의 인생을 끝까지 놓아주지 않고 그들의 삶에 반복해 나타난다. 유일하게 의지하고 탓할 만한 곳으로서.

아빈은 아버지의 잔혹성을 목격한 이후에도 그가 가르친 삶의 방식을 유지한다. 우리는 본 것으로부터 벗어날 수 없다. 목격 이전으로 삶을 되돌릴 수 있는 사람은 없다. 아버지가 남긴 유산은 좋은 것과 나쁜 것을 가리지 않고 아빈 안에 남는다.

나에게도 트라우마가 있다. 오른팔이 안 좋아 잘 쓰지 않는다. 쓰지 않으니 근육이 굳고 할 수 없는 동작이 생겼다. 십 년이 더 지난 일이다. 오른팔은 이제 그 길은 상상하지 않고 그 자세를 시도하지 않는다. 팔이 빠질 테니까. 얼마 전 운동 코치는 내 몸의 오른편을 여기저기 탐색하곤 다른 경로를 말해줬다. '갈 수 없는 길이 있다면 다른 길로 가면 돼요.' 하나의 동작을 해내는데 하나의 길만 있는 건 아니다. 그날 이후로 나는 오른팔을 다치고 취한 적 없던 자세 하나를 다시 할 수 있게 됐다. 내 몸인데도 상상할 수 있는 범위가 얼마나 작았는지 새삼스럽다.

눈에 보이지 않는 마음에도 닫힌 문이 있다. 관계의 시작과 끝마다 움츠러드는 지점이 하나둘 늘어난다. 쓰디쓴 관계의 끝마다 열고 싶지 않은 문이 하나씩 생겼다. 피부가 벗겨진 것처럼 쓰라린 그 자리를 만지고 싶지 않은 나와, 그 만질 수 없음에 질식할 것 같은 나. 다른 사람들을 만나 다른 방향으로 그 이야기를 다시 시작할 수 있다는 사실을 모른 체하며 나를 방어했다. 트라우마를 탓하는 건 오랜 버릇이다. 아무것도 할 수 없음의 핑계로 삼은 트라우마는 한동안 나를 불필요한 감정소모로부터 지켜주기도 했다.

윌러드는 트라우마를 재현하는 것으로 자신의 무력함을 인정한다. 대를 물린 트라우마는 긴 시간 아빈의 삶을 좀먹는다. '아무것도 살릴 수 없음.' 하지만 아빈은 자신을 포기하고 신을 찾지는 않는다. 견고한 과거의 기억 아래 살아가도 그는 트라우마를 핑계 삼아 주저 앉지 않는다. 영화는 아빈이 신과 트라우마에 의존하지 않고 선택한 길 위에 또다시 수많은 트라우마의 흔적을 올려 둔다. 아빈의 가족 근처를 맴돌던 인간들의 잔혹함과 상처를 들추며 트라우마가 한 인간을, 그와 이어진 또 다른 인간들을 어떻게 악마로 만들어왔는지 트라우마의 일상성을 이야기 한다. 꼭 우리가 벗어나지 못할 것처럼.

우리는 본 것 이전으로 돌아갈 순 없지만, 아직 보지 않은 것을 선택할 수는 있다. 과거가 오늘의 나를 대신하게 하지 않고도 살아갈 수 있다. 트라우마 밖으로 나갈 수 없는 것이 아니라, 하나의 익숙한 길을 잃은 것뿐이다. 그 어떤 길도 모르던 시절을 떠올려보면, 새로운 길을 발견해나가는 것은 어려운 일이 아니다.

눈에 보이지 않는 마음에도
닫힌 문이 있다.

관계의 시작과 끝마다
움츠러드는 지점이
하나둘 늘어난다.

쓰디쓴 관계의 끝마다
열고 싶지 않은 문이
하나씩 생겼다.

빚 지는 삶
영화 <소공녀>(2018)

"내 인생의 목표가 빚 없이 사는 거야."

미소의 모든 말과 행동이 삐딱하게 보였다. 빚 지지 않는 삶도 가능할까. 친구에게 얻은 검은 비닐봉지가 터져 쌀을 다 흘리고 온 미소를 보고 생각했다. 무엇이 새는 지도 모르고, 앞도 뒤도 보지 않고 걸어가는구나. 남들 다 하고 사는 거 하고 싶다며 해외 파견을 나가겠다는 한솔에게 "사람답게 사는 게 뭔데?" 묻는 미소는, 자신에게 늘 해준 게 없다고 미안해하는 한솔에게 빚지지 않았으므로 관계가 온전하다고 믿었을까. 계란 한판에 한 밤을 보내고 그들의 이야기를 껴안고 다시 거리로 나오는 미소는 어떤 등가 규칙을 가지고 관계를 지나올까. 신세한탄을 늘어놓지 않는 것, 아무도 미소가 어떻게 사는지 모른 채 살아간다고 해도 상대에게 자신의 짐을 지우지 않고 싶은 걸까.

대학 졸업을 앞두고 떠난 여행에서 만난 사람에게 그 짧은 도피가 의미하는 바를 이야기했다. 부모님에게 느끼는 옅거나 짙은 부채의식이 나를 숨 막히게 만들던 시절이었다. 여태껏 나를 키워준 부모님을 위해 어떻게든 변변한 인간의 몫을 해야 한다는 생각에 질식할 것만 같았다. 그는 대수롭지 않게 말했다. "자식은 원래 부모한테 빚지러 오는 존재야. 네가 신경쓸 일이 아니야." 언젠가 학교 선배에게 다음엔 제가 살게요 했다가 "아냐 너희 후배한테도 이렇게 해주면 돼."라는 말을 들었다. 그 말이 떠올랐다.

모르겠다. 세상에 '원래 그런 게' 있어서 정말 받은 만큼 돌려주지 못해도 괜찮은 건지. 아니면 결국 어떤 경로로든 서로 돌려주며 살아가는 건지. 나는 어쨌든 그 말을 내키는 대로 받아들이기로 했다. 전날 밤의 술자리 이후 나른한 오전, 바다가 보이는 공용거실이 있는 숙소였다. 그냥 흐르는 건지도 모른다고 생각했다. 부딪히기도 하고 부서지기도 하고 더 많이 주고 더 많이 받기도 하면서.

관계는 빚지며 넓어지고, 서로를 나누어질수록 깊어진다. 내가 당신에 대해서 아는 것이 늘어나고, 조금은 뻔뻔하게 우리를 들먹여야 내 인생에 당신을 깊이 데려올 수 있는지도 모른다. 우리가 서로에게 '그래도 괜찮은' 범위를 조금씩 늘려가면서 다정한 침범을 받아들이기 시작하는 때가 관계가 무르익는 시기인지도 모른다. 신세 지고 싶다. 네가 나에게 신세 졌으면 좋겠다. 의지해도 괜찮은 사이로 지내고 싶다. 문득 생각이 나서 연락하고, 힘든 일 생기면 기대고, 네가 우리 집에 찾아와서 울다가 잠들고, 그런 거. 그러니까 부모가 나에게 궁금해하는 것은 결국 이야기가 아닐까. 네가 사는 그 삶은 어떠니, 하고.

나는 우리가 좀 염치없었으면 좋겠다. 서로의 삶에 끼어들어서 운전대를 휘적휘적 투닥 거리면서, 안 맞으면 각자 갈 길 가는 거 말고. 내가 어떤 선택을 해도 너는 내 편이라고 믿을 수 있도록.

소중하지 않은 기분

영화 <이니셰린의 밴시>(2023)

저는 어쩌면 제가 가진 문제를 현재 환경 탓으로 돌리고 싶은 건지도 모른다는 사실을 깨닫습니다. 한동안은 버리는 일에 열중했습니다. 책을 나눠주고, 옷을 버리고, 중고 거래할 수 있는 모든 물건을 소유에서 선별해냅니다. 물론 그런 정리에는 몇 번쯤 실패를 겪었고, 여전히 쉽지 않아서 저는 그 물건들이 정말 영영 필요 없다고, 없어도 상관없다고 스스로를 설득하는데 많은 시간을 보냈습니다. 자신에게 솔직해지자면 애초에 나와 상관없었던 것들과의 작별 같기도 합니다.

한 계절 동안 옷을 50벌 이상 나눠주거나 버렸고, 사람들을 만날 때마다 책 리스트를 주며 원하는 책이 있으면 말해달라 하곤, 남는 책은 버렸습니다. 방을 다시 정리하며 비운 수납장을 중고 거래하고, 물건을 미워합니다. 정리되지 못한 물건들을 보며 괴로워하면서도 저를 스쳐간 것들에 담긴 의미를 아낍니다. 의미를 버릴 용기가 없는 사람으로 산지 오래된 게 아닐까 생각합니다. 그 관성으로부터 벗어날 수 없음과 동시에 무언가와 연결되어 있다는 감각에 위안 내지는 기쁨을 얻는 것일지도요. 물건에 기억이 담길 수 있다는 것, 나와 세상을 연결하는 대상이 있다는 생각, 그리고 그 관계성이 그 자체로 삶에 의미를 줄 수 있다는 믿음은 유효한 것일까요.

영화 <이니셰린의 밴시>에는 두 남자가 나옵니다. 나이 든 남자는 조금 덜 나이 든 남자에게 절교를 선언합니다. 처음엔 '그냥'이라는 말을 앞세운 '든 남자'의 절교 사유를 '덜 든 남자'는 받아들이지 못합니다. 든 남자는 삶의 의미를 얻고 싶었고, 덜 든 남자와 시간을 보내서는 불가능하다는 판단을 내렸습니다. 의미 없는 시간을 삶에서 제거하려고 합니다. 하지만 덜 든 남자는 그를 이해하지 못합니다. 의미를 찾지 않아도 즐겁지 않았냐고, 이대로도 좋지 않냐고. 이동진 평론가의 말을 빌리자면 '의미 없음을 견뎌내지 못하는 자와 이유 없음을 떨쳐내지 못하는 자'의 이야기이고, 저는 일단 그의 말을 빌려왔지만 '덜 든 남자'가 이유 없음을 떨쳐내지 못한다기보다는, 의미 없는 존재가 된 자신을 인정하지 못하는 거라고 말하고 싶은데 한마디로 함축하기는 역시 어렵습니다.

의미는 어디에서 올까요. 아무래도 믿음 같습니다. 나를 만족으로 가득 채울 수 있는 대상에 대한 목마름. 그것은 때때로 정반대의 모습으로 찾아옵니다. 어느 날은 방을 가득 채울 만큼 원하는 흥미로운 것이었다가, 어느 날은 그 방을 다 비워야만 찾을 수 있는 것. 너무 중요한 것 같았는데, 언젠가는 아무런 의미를 찾을 수 없어서 버리고 싶어지는 것. 하지만 믿음에는 대가가 있습니다. 언젠가는 중요했던 것이 가치 없는 것이 되어버렸음을 인정해야 하는 고통, 인정하지 못하는 괴리와 외로움을 느끼며 살아가는 것. 믿음을 저버린 책임을 지고, 슬픔과 기쁨에 충분한 값을 치르며 살아갑니다. 요즘 저는 오래 쌓아온 의미를 허물고, 새로운 의미를 삶에 대입해 오늘의 문제를 해결하려고 합니다. 모든 문제의 답이 하나일 수는 없어서, 그래서 어떤 의미는 중요했다가 더 이상 소용없는 것이 되고 마는 게 아닐까 생각합니다. 이제 제가 버리고자 하는 것들이 언젠가는 정답이었다는 것만으로 괜찮을 것 같습니다.

손때 묻은 물건이 더 이상 소중하지 않다는 허무, 더 이상 소중해질 수 없다는 기분마저도.

우리는 화해할 수 있을까

영화 <경아의 딸>(2022)

강릉 신영 독립 극장에서 세 편의 영화를 보는 동안 상영관에는 사람이 거의 없었다. 경아의 딸은 혼자 봤다. 그래서일까 <경아의 딸>이 처음부터 갈등을 내리꽂자 공포영화를 보듯 등줄기가 서늘했다. 스토리를 어느 정도 이해한 뒤에는 영화관에서 뛰쳐나가고 싶었다. 그게 영화의 첫인상이었다. 그 영화의 슬픔이 나를 견디기 힘들게 했다. 하지만 혼자뿐인 상영관에 밖에는 관객보다 많은 직원이 있고, 지금 여기서 나가도 할 일이 마땅치 않았다.

이 영화의 제목은 이상하다. <경아의 딸>은 두 사람 중 누구에게 더 의지해야 할지 헷갈리게 하면서, 마치 두 사람을 하나의 인물처럼 겹쳐보게 만든다. 서로를 서로에게서 분리해 낼 수 없게 한다. 이것은 불편한 동시에 효과적이다. 결국 지칭하는 것은 경아가 아니라 경아의 딸 연수인데 엄마와 딸이라는 굴레를 벗어날 수 없으리란 예감이 먹구름처럼 마음에 짙게 깔린다. 연수라는 이름은 자꾸 잊힌다. 어떤 엄마의 세계에서 딸의 이름은 자주 엄마의 그것으로 투영되어 잊히고 만다.

경아와 딸에게 닥친 문제는 롤러코스터처럼 불길한 소리를 내며 긴장감을 키우는 방식 대신, 일단 우리를 정상에 데려다 두고 등을 절벽 아래로 떠민다. 엄마의 뉘앙스, 남자친구의 불안한 눈빛이 모든 사고를 예감하게 한다. 연수는 이별에 앙심을 품은 전 남자친구의 성관계 동영상 유포로 삶이 한순간에 무너진다. 그리고 가장 믿었던 사람, 엄마 경아에게 경멸 어린 시선을 받고는 모든 것으로부터 숨어버린다.

우리는 가끔 시선이 향할 곳을 잘못 판단한다. 손가락이 가리키는 곳이 아니라, 손가락을 펼쳐든 사람을 바라본다. 가해자가 아니라 피해자의 고통을 전시된 상품처럼, 가벼운 가십거리로 보고 넘긴다. 고통은 가벼워진다. 추행을 당할 때는 "어머 왜 이러세요!"라고 하면 사람들이 '뭐야 무슨 일이야.'하며 그 목소리의 주인공을 바라보고, "변태야!"라고 하면 '뭐야, 누가 변태야.'라며 변태를 바라보게 되니 피해자의 목소리를 내지 말고 가해자를 정확히 겨냥하라고 말한다. 누군가의 문제를 '흥미'로 파악하는 인간의 습성이 나를 부끄럽게 만든다. 우리는 가끔 실수를 한다. 문제를 만든 사람이 아닌, 피해자에게 왜 그랬는지 묻는다. '나쁜 행동'이 없었다면 여전히 아무 일도 없을 텐데.

사회는 자주 비난의 화살을 상처받은 사람에게 돌린다. 이해할 수 없는 괴물(가해자) 대신 자기 삶의 범위에 속한 인간의 태도를 교정하는 것이 나와 피해자의 삶에 거리를 둘 수 있는 가장 쉬운 방법이기 때문이다. 우리가 다른 존재여야, 피해자가 틀렸어야 내가 안전해지기 때문이다. 경아는 딸을 힐난하는 방식으로 자기 세계의 상식을 지키고 자신을 '틀린 것'과 구분 짓는다. 그녀는 가장 사랑하는 사람을 깎아내려 자신을 보호하려 한 잘못으로 연수를 잃는다. 약자를 지키기 위해 싸울 때, 우리가 잃을 것은 너무도 크게 느껴진다. 하지만 시간이 지나 기억날 것은 타인의 시선이 아니라, 소중한 이와 충분히 사랑하지 못한 후회일 것이다. 다시 얻을 수 없는 것, 대체할 것이 존재하지 않는 유일한 것, 마음을 잃은 이유로.

영화를 보며 가장 빠르게 내 눈을 사로잡았던 장면

은 온라인 불법 유포 영상을 지워주는 업체를 사용하기 위해 목돈을 쓴 연수가 자취방을 더 외진 곳의 작은 고시원으로 옮기고 침대 위에 누워서 작은 휴대폰 속 영상을 보며 웃고 있는 장면이다. 어딘가로 사라졌다(내몰렸다)가 발견된 그녀의 모습은 외롭고 쓸쓸하다. 사회 안전망 바깥에 내몰린 그녀를 구할 수 있는 것이 돈밖에 없다는 사실에 화면 밖의 나 역시 지쳐간다. 사회적으로나 경제적으로나 구석으로 내몰린 사람들은 외부 활동을 점점 하지 않게 되고, 작은 휴대폰 화면에 의지해 시간을 보내고 디지털 세계에 갇히게 된다는 분석적인 이야기를 차치하더라도 방에 갇혀 사는 그녀의 삶이 기쁠 리 없다. 하지만 나는 이 절망적인 상황에 연수가 웃고 있는 장면을 영화가 보여준다는 것에 지친 마음을 달랜다. 걱정했던 그 얼굴이 아직 웃을 수 있다는 사실에서, 우리가 역경에 굴하지 않고 웃음을 지킬 수 있을지도 모른다는 희망을 느낀다.

불행과 행복은 양자택일의 반의어가 아니다. 행복 곁에 불행은 자주 자신의 자리를 찾는다. 사람의 일과는

다르게 우리의 언어는 항상 이분법의 형태를 취한다. 서로 상반된 단어들이 한자리에 있을 수 없는 것처럼 느끼게 한다. 하지만 인간은 불행이 자신의 삶을 잠식할 때도 웃을 수 있다. 우리는 혼자만의 방에서 엉엉 울다가도 나와서 밥을 먹으며 웃고, 다시 들어가서 울게 되더라도 우연히 마주한 순간들에 미소 지을 수 있다.

"엄마 탓 아니야. 내 탓도 아니고."
상처 입은 이들이 스스로를 달래서, 스스로를 닦달해서, 채 낫지 못한 상처를 안고 다시 밖으로 나올 때가 있다. 사람들의 시선이 두려운 연수가 동굴에서 천천히 사람들과 교류를 넓히며 삶을 되찾는 과정이 느려서, 잘 나아지지 않을 것 같아서 걱정하는 동시에 다행을 느낀다. 사회로 나가야 한다는 강박과 사람들의 손에 이끌렸다면, 연수가 엄마를 위로할 수는 없었을 것 같다. 나조차도 그런 삶에서 자유롭지 못해서 상처 입은 마음을 안고도 '잘' 살아야 해서, 타인의 기준에 미치기 위해서 피 흘리며 걸었던 날들이 떠올랐다.

자신의 실수를 만회하려는 경아의 분투와는 별개로 영화는 경아에게 친절하지 않다. 경아가 연수에게 준 상처를 사랑이라는 이름으로 덮어둘 수 없는 것이라고, 더 이상 연민과 가족이라는 이름으로 용서를 받을 수는 없다는 것을 경아와 연수 사이의 거리를 통해 느낀다. 두 사람은 화해할 수 있을까. 이것은 질문으로 남겨둘 때에 가장 큰 의미가 있지 않을까. 상처를 통해 깨달은 것을 잊지 않도록.

우리가 역경에 굴하지 않고
웃음을 지킬 수 있을지도 모른다는
희망을 느낀다.

2부 | 사랑으로부터 배운 것

바라보다. 당신을 바라보는 나를. | 영화 <내 사랑>

나를 사랑하는 일이, 당신을 사랑하는 일 같다
| 영화 <내 생애 가장 아름다운 일주일>

오늘도 거미를 잡으며 | 영화 <애니 홀>

별 네 개 준 영화 내용이 기억 나지 않을 때
| 영화 <엣지 오브 투모로우>와 영화 <500일의 썸머>

기억의 숲에서 우리가 찾는 것 | 영화 <애프터 양>

사랑을 잃고 나는 쓰네 | 영화 <애프터 양>

누가 나를 사랑해줄까 | 영화 <월플라워>

바라보다. 당신을 바라보는 나를.
영화 <내 사랑(Maudie)>(2016)

"Show me how you see the world."

당신이 보는 세상을 나에게 보여달라는, 불구의 몸으로 태어난 모드를 처음으로 인정해준 문장이었다. 부자유한 신체로 세상에 자신을 드러낼 방법을 몇 갖지 못했을 그녀는 그림을 그렸다. 그녀는 아마 작은 방에 홀로 남아 늘 창 밖을 바라보았을 것이다. 그 작은 액자 너머의 세상을 오래도록 지켜보며 맑은 눈 속에 작은 풍경 하나 놓치지 않도록 천천히 담고, 시간 따라 변하는 풍경을 머릿속에 한 장씩 그리면, 그들은 서로 겹쳐가며 그녀만의 시선으로 남는다. 그녀의 세계는 짙고 넓어지고 더 이상 마음에 담아둘 수 없는 때가 되어 붓 끝을 타고 흘러나온다.

당신의 시선 닿는 곳

지저분한 창 너머로 서로를 바라보는 모드와 에버렛의 시선이 맞닿는 지점을 쫓다가 나는 어느새 그들의 눈길 닿는 곳을 함께 바라본다. 영화는 내내 '시선'을 의식하게 만든다. 네모난 영화 속, 액자 같은 창문의 프레임을 통해 우리가 '바라보고' 있다는 사실을 끝없이 일깨운다. 무뎌져 왔던 '바라봄'의 행위를 다시금

낯설게 만들고 마치 처음처럼 시선을 내딛게 한다. 항상 그 자리에 있었으나 한 번도 여기 도착한 적 없던 풍경, 그 위에 몇 겹이고 쌓여온 시간, 늘 흐르고 있었지만 매일 달랐던 공기, 그리고 그 모든 장면을 의미 있게 만드는 당신의 모습. 우리는 가끔 아주 가까운 이의 얼굴을 정확하게 묘사하지 못한다. 나는 당신의 얼굴에 쌍꺼풀이 있었는지 기억하지 못하고, 당신은 새삼스레 내 얼굴의 주근깨를 발견한다. 아름다운 것들은 그 자리를 지키는 법이 없다. 잘 보고 있지 않으면, 다시는 볼 수 없을지도 모른다. 끝까지 보지 못했다는 사실조차 알지 못한 채로.

인생이 담긴 창을 가지고도

우리의 세상은 대체로 시간에 뭉개져 그 자리에 희미하게 남아있다. 알고 있는 장면, 충분히 그려낼 수 있는 다음 풍경들처럼, 우리는 힘들이지 않고도 익숙함에 기대어 꽤 훌륭하게 '보지 않는 세상'을 보는 체하며 살아간다. 그래서 새로 찾아드는 계절을 한참 놓치거나, 언제나 그 자리에 있었을 아름다움과 슬픔에 무뎌진다. 다만 영화의 처음부터 모드의 시선은 조금 달랐다. 옷을 잘 입던 오빠가 차려입은 근사한 정장, 집에 찾아온 손님의 예쁜 구두, 상점의 진열대에 새로 들어온 상품, 걸어가는 그녀를 스쳐가는 장면들까지. 아마 그녀에게는 본다는 것 자체가 자신의 삶을 증명하기 위한 치열한 분투였는지도 모른다. "창문을 좋아해요." 말하던, 보는 것 외에 자신이 끼어들 틈 없는 세상을 마주한 그녀에게 가끔은 '보는' 것만이 가장 소중해 보였다.

당신이 담긴 창

모드는 걷는다. 풍경에 자신이 온전히 담기는 줄도 모르는 채로, 창문 속 주인공이 되어 걷는다. 저 너머는 바다, 푸른 경계로 이어지는 하늘, 투명한 배경에 수채화로 칠한 노을과 흐린 안개 속을, 푸른 초록과 포근한 눈밭 위로, 모드가 걷는다. 스치는 모든 길, 지나쳐온 수많은 당신, 시간은 정성들여 보는 사람에게만 기억된다. 다만 스스로를 기억하기 위해 우리는 누군가의 기억에 담겨간다.

에버렛은 불안했다. 늘 흐릿하고 뿌연 장면만 안개처

럼 남아 불안은 분노가 됐다. 상대방이 잘 보이지 않기에 뾰족한 날을 세웠다. 처음으로 맑게 보였던 것은 모드였고, 이 빛이 모두에게 너무도 밝고 찬란해 더 이상 자신을 비추지 않고 떠나갈까 걱정했다. 다만 모드는, 그와는 반대로 다른 이들의 시선에 자신이 담기지 않는 줄만 알았다. 대신 더 많이 사랑하고 담으며 살았으나, 늘 가져보지 못한 포근한 품이 그리웠다.

"I SEE YOU", "I WAS LOVED"
가끔 의도된 말들은 우리가 공들여 쌓아온 다른 언어들을 망가뜨린다. 뛰어난 영상미와 곳곳에서 속삭이는 아름다운 목소리, 우리의 몸짓을 의미 없게 만드는 말들이 있다. 이곳에 흐르는 언어는 당신의 가슴에 성실하게 발화되어 울음처럼 흔들고 갈뿐, 아무것도 설명 않고 사라진다.

에버렛은 모드에게 당신 때문에 불행해졌노라 말한 뒤에야, 불행을 느낄 수 있게 되었음을 깨닫는다. 이제 에버렛은 스스로 행복하기 위해 모드를 찾아가 고백한다. "I see you." 나는 당신이 보인다고. 그제야 모드는 다른 사람의 눈에 자신이 비춘다는 걸, 본인 또한 창 속의 한 장면이었음을 알게 되지 않았을까. 그녀는 에버렛에게 마지막의 마지막 순간이 되어서야 완성되는 한 마디를 선물한다. "I was loved." 당신에게 사랑받았다는 사실이 나의 모든 마침표가 되는 순간, 나의 전부가 당신으로 인해 충분했다는 말을 전한다. 에버렛이 견뎌온 흐린 시간 속 모든 불안을 거두어 가는 위로. 모드에게는 사랑을 받았다는 사실이, 에버렛에게는 사랑했다는 사실이 너무도 간절하지 않았을까. 사랑이 존재할까 의심하는 사람에게 필요한 건 사랑할 대상이고, 사랑을 믿는 사람에게 필요한 건 자신을 사랑해 줄 수 있는 존재일 테니까.

자식을 잃고, 가족이 나를 서로 떠넘겨온 시간 속에 나를 필요로 하는 존재에 대한 희망이 있었고 모드는 단 한 번의 기회를 잡았다. 모드와 에버렛을 지켜보다가 이내 깨닫는다. 나를 바라보는 당신을 바라보는, 당신의 눈 속에 담긴 나를 바라보는 일의 아름다움을. 본다는 행위에 담긴 영원에 대해 생각한다. 당신을 바라보는 순간은 영원하고 이 시간은 언젠가 끝난다. 아름다운 것들은 제자리를 지키는 법이 없다. 지금 정성을 다해 보지 않으면, 우리는 모든 것이 희미해진 뒤에야 놓친 당신을 그리워하며 흐릿한 이미지 속을 언제까지나 헤매게 될지도 모른다. 이렇게 아름다운 순간을 정말 보지는 못한 채로.

사랑이 존재할까 의심하는 사람에게 필요한 건
사랑할 대상이고,
사랑을 믿는 사람에게 필요한 건
자신을 사랑해 줄 수 있는 존재일 테니까.

나를 사랑하는 일이, 당신을 사랑하는 일 같다

영화 <내 생에 가장 아름다운 일주일>(2005)

가끔, 아니 자주, 나를 사랑하는 일이 힘들었다. 요행 같은 행복은 언제고 도망갈 준비를 하고 있는 것만 같아 나는 행복해서 불행했다. 안정감이 곧 불안함이었다. 사랑받는다는 사실이 의심스러웠고 결국 자기검열과 지나친 자신감을 내보이며 버텼다. 그러다 지치면 티 나지 않게 숨었고, 외로워 견딜 수 없으면 다시 당신들에 손을 내밀었다. 사랑받는 일을 할 수 없게 되어 주는 일에만 익숙해졌다. 주는 사랑이 좋은 거라고 스스로 위로하다 받는 사랑을 피하게 됐다. 의심이 클수록 상처받는 일이 무서워졌다. 그러고도 인생은 잘만 살아져서, 약간 망가진 채로 그렇게 시간이 흘렀다.

이미 꽤 옛날 영화가 된 <내 생에 가장 아름다운 일주일>을 우연히 보게 됐다. 영화의 끝 무렵 황정민의 대사를 듣고 문득 오늘 나의 하루에 빛나는 순간이 있었는지 되짚다가, 언젠가 지나쳐 온 문장에 마음이 닿았다. "단 하루면 인간적인 모든 것을 멸망시킬 수 있고, 다시 소생시킬 수도 있다." 아니, 하루를 다 쓰지 않아도 우린 더 많은 걸 망칠 수 있다. 우리는 하나의 세계고, 오늘 하루는 수많은 작은 세계들이 겹쳐 만들어진다. 나의 세계를 폐허로 만드는 데에는 그 세계를 짓는 것만큼의 시간과 노력이 필요하지 않다. 나는 주어진 행복도 감당할 줄 몰라서 언제든, 무엇이든 망칠 준비가 되어 있는 한심한 사람이니까.

영화 속 형사인 황정민은 유괴범으로 몰린 서영희에게 말한다. "오늘 너 때문에 행복한 사람이 단 한 명이라도 있었으면, 너 내가 살려준다." 나는 정말, 황정민이 꼭 나한테 그 말을 하는 것만 같아 순간 오늘 나를 지나쳐간 사람들을 떠올렸다. 그 한 마디에 영화의, 내 삶의 모든 길모퉁이가 선명하게 보였다. 우리는 오래된 관성으로 서로가 서로의 세계를 지탱하고 있다는 사실을 잊고 산다. 내가 당신의 일부분이라는 사실을, 당신이 나의 일부분이라는 걸 잊었다. 전부 잊고, 당신을 행복하게 하는 존재가 나라는 것도 잊는다. 우리는 단 하루면, 인간적인 모든 것을 멸망시킬 수 있다. 더 이상 내가 나를 사랑하지 않는 일로써 당신의 인생에서 빠져나올 때, 나는 당신을 나락으로 떨어뜨릴 수 있으니까. 나를 사랑하는 당신들을 울게 하는 방법은, 내가 나를 포기하는 거니까.

우리는 가끔 당신을 너무도 사랑해서 나를 잊고, 행복을 감당할 능력이 없어서 기꺼이 불행해지곤 한다. 영화 속 모든 오해가 발생하는 지점이자 모든 문제를 풀어내는 해답이기도 한, 그런 일. 찢어지게 가난한 부부, 아내가 남편을 행복하게 해주기 위해서는 본인을 조금만 더 사랑하면 됐다. 빚은 떠안은 채 서로 몰래 행상을 하며 푼돈을 벌어 근근이 먹고사는 두 사람에 아이가 생겼다. 사랑만으로는 감당할 수 없는 형편, 그 무서운 선택의 순간들에서 둘은 함께 하지 못한다. 다만 너로 인해 행복할 단 한 사람이 있다면 살아갈 이유가 있다는 한 마디가 나를 살리고, 당신을 살리고, 우리를 살린다. 내가 나를 사랑해도 된다는 허락이자 위로 같아서. 본인의 안위보다 나의 만족으로 기뻐할 사람을 위해.

허술하게만 보였던 영화의 장면들은 모두 한 방향으로 흘렀다. 우리는 너무 지질하고, 그래서인지 인생은 나에게 유독 가혹하다. 나를 사랑하기가, 좋아해주기가 유난히 힘들다. 다만 그렇게 애를 쓰는 순간들에 생명은 더 크게 타오른다. 영화는 삶과 죽음의 문턱에 유난히 자주 다가가는데 그 끝이 있다는 사실이 나를 간절하게 만들고, 영화는 이어 말한다. "몇 번이라도 좋다. 이 끔찍한 생이여, 다시!" -니체. 당신을 위해서라면 몇 번이고 이 끔찍한 생을 함께 살아내겠다는 말 같아서 나는 울 것 같았다. 우리는 몇 번이라도, 사랑하는 사람들 곁이라면 영원히 살 각오가 되어 있으니까. 내가 나를 사랑하지 않는 동안 잊고 있던 나를 사랑하는 사람들에 미안해 또 콧등이 시큰했다.

we don't have forever. 시간은 영원하지 않고, 내게 주어진 당신도 영원하지 않다. 우리는 시름과 상실에 빠지기도 하고, 한동안 매일매일을 잃으며 살기도 한다. 다만 그런 시간이 삶을 더 빛나게 만든다. 유한한 시간이 나를 한껏 인간적이게 한다. 무한한 기회가 주어지지 않기에 나는 오늘이 슬픈 대신 치열하고, 또 간절해진다. 단 하루 안에 우리는 서로를 잃을 수 있으나, 단 한 순간이 주어져도 우리는 사랑할 수 있으니까.

나를 사랑하는 당신들을
울게 하는 방법은,
내가 나를 포기하는 거니까.

오늘도 거미를 잡으며
영화 <애니 홀>(1977)

애니 "다시는 헤어지지 말자. 헤어지기 싫어."

알비 "알아, 이제는 성숙해서 그럴 일 없을 거야."

두 사람의 희망과는 다르게 얼마 지나지 않아 다시 이별을 맞은 알비는 "이별의 아픔 따윈 없다."라는 독백으로 영화를 시작한다. 합리화와 자기 최면을 반복하며 쿨한 관계로의 전환에 어물쩍 적응한 척하는 둘의 모습은 우스꽝스럽고 이내 사랑스러워진다. 전혀 성숙하지 못한 태도 때문에.

화장실에 나온 거미를 잡기 위해 옛 연인을 새벽에 호출하는 사람. 내키지 않는 상대와 밤을 보내다 호출을 받고 태연하게 찾아가는 사람. 옛 연인을 자동차만 한 거미로부터 안정시키기 위해 아무 말이나 지껄여지는 대로 떠들어대는 알비를 보며 생각한다. 사실 우리는 아무것에도 능숙해지지 않은 채로, 여전히 거미도 못 잡으면서 나이만 먹어가고 있다고.

인생에서 매일의 베일을 벗기며 사는 기쁨과 슬픔이 이런 걸까. 아무리 많은 관계를 지나온다고 해도 능숙해지지도 성숙해지지도 못할 거란 핑계로 지난 사랑을 딛고 계속 새로운 사랑에 간절해도 괜찮은 것. 예정된 실망과 다툼이 기다려도 내일로 넘어가고 싶어지는 마음을 어찌하지 못하는 태도가 우리를 계속 입맞추게 한다. 어떻게든 사랑하고 울고 불며 또 순진한 척 누군가의 손을 잡고 싶어지는 나를 어떻게 하나.

(알비의 독백) "비이성적이고 미쳤고 말도 안 되지만, 하지만 계속 극복해가는 거죠."
사람을 만나고 헤어지기를 반복하면서도 잘할 수 있게 되기는커녕 후퇴와 눈물은 잦아지고 나잇살만큼 경험 많은 어른이 된 척해야 하지만 사실 십 년 전보다 나아지지 않았다는 걸 들켜도 괜찮은 것. 그게 다시 사랑할 이유가 되어주는 것이 삶일까.

극복할 것은 여전히 남아 있어서 오늘 넘어져도 내일로 넘어가도 괜찮은 게 아닐까. 거미 잡는 법을 영영 익히지 못한대도 거미는 또다시 나올 테니까.

인생에서 매일의 베일을 벗기며 사는
기쁨과 슬픔이 이런 걸까.

아무리 많은 관계를 지나온다고 해도
능숙해지지도 성숙해지지도 못할 거란 핑계로
지난 사랑을 딛고 계속 새로운 사랑에
간절해도 괜찮은 것.

별 네 개 준 영화 내용이 기억 나지 않을 때
영화 <엣지 오브 투모로우>와 <500일의 썸머>

무슨 영화를 틀까 화면을 뒤적이다가 눌러본 영화에 이미 별 네 개를 줬더라. 봤던 것 같긴 한데 내용이 전혀 기억나지 않는다. 별을 네 개나 줬는데 기억이 나지 않는 건 참 이상한 일이다. 이상한 일은 자주 생긴다. 왓챠피디아에 1200여 편의 평점을 남겼다. 가끔 왓챠피디아를 시작하기 전의 영화들도 찾아서 평점을 매기곤 하는데, 분명 본 영화지만 내용이 잘 기억나진 않을 때 기분에 맞춰서 평점을 주어도 되는 건지 잘 모르겠다. 이 정도였지, 하고 별점을 주는 일은 역시 어색하다. 지난 과거에 이제 와 새로운 평가를 내리는 건 정의로운가.

본 영화를 또 보는 건 나에게 익숙한 일이다. 늘 그래왔듯 다시 볼 수는 있지만, 그렇다고는 해도 내 기억은 어디로 간 걸까 자꾸 하소연하게 된다. 본인의 유년 시절도 기억하지 못하는 내가 겨우 두세 시간짜리 이야기를 기억하지 못한다고 슬퍼할 필요는 없다. 충실한 그날 그날의 행동이 나를 구성하는 얇은 퇴적층이 되었을 거라고 믿을 뿐이다. 하지만 역시 별을 '네 개나' 주고도 기억하지 못하면 인생을 기만 당한 기분이 들기도 한다. 좋아하는 걸 기억하지 못하는 마음은 때로 얼마나 초라한지.

대부분의 기억은 고만고만한 일상 속으로 사라진다. 과거는 기억의 재구성으로, 상상력은 필수불가결한 요소다. 정확한 기억을 원한다고 해도 우리는 그때로 돌아갈 수 없다. 하지만 다행인 사실은 미래의 깨달음 덕에 과거가 더 선명해 보이기도 한다는 것이다. 릴케는 사랑에 대한 글을 쓰기를 최대한 늦추라고 말했다지만, 나는 잘 돌아보기 위해 오늘의 서툰 마음결까지도 적어두고 싶다. 시간이 지날수록 희미해지는 것들을 기록하기 위해 분투하고 나서야 감정의 세밀한 결을 구분할 수 있는 어른이 되는 게 아닐까 하고. 아무래도 지금의 나를 쌓아 올린 순간들을 잊는 사람이고 싶진 않다.

기억을 잃어버려서 좋은 점이 하나 있다면, 나는 분명 그 영화가 달리 보일 것이라는 사실이다. 흔한 일이다. 중학생 때 지루함을 참아내며 겨우 다 읽자마자 그 내용을 완전히 까먹은 고전 문학 필독서를 다시 읽고 인생 책으로 삼는 운명 같은 일. 헤르만 헤세의 데미안이 그랬다. "새는 알을 깨고 나온다. 알은 세계다." 그래서 어쩌라는 건지... 싶었던 삐뚠 마음은 몇 년 뒤 고분고분하게 "외부 세계는 마음속을 비추는 거울이다."라는 문장을 인생의 지침으로 받아들인다.

이 글은 <엣지 오브 투모로우>라는 톰 크루즈와 에밀리 블런트 주연의 SF 영화에 별 네 개를 주었지만 결말이 기억이 나지 않는 데서 시작했다. 가벼운 마음으로 영화를 틀었다. 멋진 CG와 액션, 매일 죽으면서 하루를 반복해 살아간다는 설정이 핵심이지만, 이번에 내 눈길을 사로잡은 건 단 한 장면뿐이었다. 빌(톰 크루즈)은 같은 날을 반복하며 리타(에밀리 블런트)의 죽음을 수도 없이 겪는다. 그녀에겐 늘 단 하루일 뿐이지만, 빌에게는 영원히 빠져나올 수 없는 늪 같다. 둘 사이엔 *관계의 시차*가 생긴다. 그녀도 그와 마찬가지로 과거에 매일을 반복하며 산 적이 있었고, 한 남자의 죽음을 매일 목격해야 했다. 리타는 그 기억에 괴로워하면서도 같은 상황에 놓인 빌의 마음을 헤아리지 못하는 듯 보인다. 과거의 남자 이야기를 하는 리타를 지긋이 바라보는 빌의 모습이 자꾸만 아른거린다. 경험해 본 일이라면 더 잘 이해할 수 있을 것 같은데도 다른 입장에 서고 나면 상대의 마음이 잘 보이지 않는 모양이다. 여태 각자 지나온 관계의 무수한 합을 몸에 새긴 채로, 자꾸만 과거를 기억하지 못하는 사람으로 살아간다.

<500일의 썸머>는 영화를 보는 시점의 개인의 상황에 따라서 남녀 주인공 두 사람 중 누구에게 공감하는지가 뒤바뀌는 희한한 이야기다. 한 번은 썸머가 나쁜 년이 되었다가, 한 번은 톰이 나쁜 놈이 된다. 초연한 마음은 두 사람 모두를 이해하게 만들어주기도 한다. 인간은 줏대 없는 박쥐처럼 부끄러운 '인간적인' 존재인 것이다. 그것은 그날의 변덕에 따라 좋은 영화였다가 나쁜 영화가 되고, 인간은 상대가 주근깨가 있어서 좋아했다가 주근깨가 있어서 싫어하는 식의 기적의 논리로 그날 그날을 살아가는 것뿐이다. 이 변덕 덕분에 나는 별 네 개 준 영화의 내용을 까먹어도 괜찮은 마음이 된다. 우리는 똑같은 것을 똑같이 느낄 수 없는 존재니까.

지난 과거에 이제 와 새로운 평가를
내리는 건 정의로운가.

기억의 숲에서 우리가 찾는 것

영화 <애프터 양>(2022)

아주 어린 시절의 기억에 종종 묻는다. 너는 내 것이니, 아니면 사진 속에 남은 이미지가 기억인 것처럼 꾸며낸 장면들이니. 가끔은 그래 그것이 내 기억이 아니면 뭐람, 생각하면서도 기록이 기억이 될 수 있는지 확신하지 못한다. 기록되지 않았으나 기억은 아주 멀리서부터 이어져온 내 존재의 연속성을 설명하는 순수한 것이고, 기록으로 남은 기억은 자의적이지만 긍정적인 것이다. 내가 기억으로 삼고자 하는 것, 내 인생을 설명하는 재료로 쓰고자 하는 것, 내가 중요성을 두는, 소중한 것.

기억은 무엇일까, 무엇이 될 수 있을까

양yang이 움직이지 않는다. 입양한 딸아이의 문화 정체성 학습과 적응을 위해 집에 들였던 문화 테크노 양이 작동을 멈추자 가족은 곤란한 상황에 놓인다. 당장 오후에 딸을 돌봐줄 사람이 없다. 양은 차이나타운의 한 가게에서 중고로 데려왔는데 그 가게는 이미 사라지고 없다. 본사 외주 서비스 센터에서는 '중심부'에 문제가 생겨 수리할 수 없고 재활용만 가능하다고 답한다. 제이크는 결국 이웃—복제인간을 입양한 것이 꺼림칙해 거리를 뒀으나, 내내 자신에게 친절했던—이 소개해 준 업자를 찾아간다. 업자는 또 다른 사람을 소개하며 양에게서 꺼낸 기억 저장 장치를 확인해보라고 한다.

몇 가지 곡절 끝에 제이크는 테크노 사피엔스 연구자에게 기억 판독기를 건네받는다. 제이크는 아내와 딸에게 상황을 자세히 알리지 않고 혼자서 양이 남긴 데이터의 자취를 따라간다. 기억 장치 속 장면들은 양이 간직한 파편들에 불과하지만 제이크는 그 영상에 단숨에 빠져든다. 제이크가 그 안에서 발견한 것은 뜻밖에도 '감정'이다. 그 장면이 선별되었을 이유를 짐작하는 일이 곧 양이 느끼고자 했던 감정으로 이어지는 길이었다. 그 감정에 가득 담긴 것은, (인간에게는) 사랑이다. 제이크의 눈에 눈물이 고인다.

기억은 감정이 될 수 있을까

양의 기억 속에는 제이크의 가족이 알지 못하는 한 여자가 등장한다. 제이크는 묻는다. 양이 여자를 사랑할 수 있는지, 입력된 가족 외에 새로운 관계를 맺을 수 있는지. 관계를 맺고 싶다는 마음을 가질 수 있는 건지. 제이크가 그 사실을 묻는 이유는 단순한 호기심이나 의구심이 아니라 양의 기억에서 자신이 느낀 감정에 답을 얻고 싶었기 때문이 아닐까.

양의 기억 장치 속 장면들은 단순하다. 단순한 만큼 저릿하다. 햇살이 흔들리는 장면, 그가 가만 거울을 들여다보는 장면, 그가 물끄러미 제이크 가족을 바라보는 장면, 그가 혼자 남아 지키는 집안 곳곳의 장면들. 왜인지 설명하지 못하지만 우리가 잠시 멈춰서 바라보고 사진으로, 눈으로 담고 싶어 하는 순간. 말로다 할 수 없기에 오래 바라보게 되는 장면들을 양은 기록한다.

양의 기억 속에 담긴 제이크와 제이크 기억 속 어느날의 장면이 오버랩 된다. 양은 자신이 보는 순간들에 중요도를 부여해 기억 저장 장치에 남긴 것일까. 그렇다면 기억의 선택은 감정이 될 수 있을까. 기억의 선택은 곧 맥락이고 맥락은 모여 감정과 생각이 된다. 우연 혹은 선별 과정을 통해 어떤 것은 기억되고, 기록되며, 어떤 것은 어둠 속에 가라앉는다면, 나를 설명할 수 있는 것은 기억과 기록일 것이다. 기억과 기록에서 비롯한 고민과 감정이 곧 내가 되는 걸까.

양의 기억에서 우리가 울고, 웃고, 궁금해하며, 아름답다 여기는 것은 그가 그것을 남겨야겠다고 여겼던 순간의 추동이다. 그가 존재해온 시간이 필연적으로 그에게 감각을 선물해 준다면, 존재란 결국 하나의 선택에서 비롯한, 연속하는 경험 선상에서 유일한 존재가 된다는 뜻이 아닐까. 그가 로봇이라고 해도.

양은 제이크와 차를 마시며 지식 이상으로 차를 느낄 수 있으면 좋겠다는 표현을 한다. 우리는 우리가 아닌 타인, 어떤 존재의 가능성에 선을 그을 수 있나. 인간의 입장에서 그가 말할 수 없는 것을 느끼지 못한다고 단정 지을 수 있을까. 뇌가 보내는 신호에 따라 움직이는, 뇌가 학습한 것에서 벗어난 행동을 하지 못하는 인간의 부자유에도 불구하고 그럴 수 있나.

우리 모두는 정체성이라는 언어 앞에서 헤맨다. 테크

노 사피엔스 양이 함께 사는 가족의 아빠, 엄마, 딸의 '인종'은 모두 다르고, 딸은 출신마저 다르다. 다른 문화권에서 온 딸을 위해 그 뿌리를 찾아주고자 문화테크노인 양과 함께 살아가기로 부모는 결정하지만, 결국 양이 그들의 딸인 미카에게 준 것은 가족으로서의 애정과 오빠라는 커다랗고 포근한 그늘이다. 영화는 대사를 통해, 제이크 가족을 통해 표면적으로 인간 존재의 정체성과 뿌리를 이야기하지만, 이미지를 통해서는 '존재'의 정체성을 묻는다. 우리가 어디에서 왔는지가 아니라, 무엇이 되어야 하는지가 아니라, 정체성이라는 것은 무엇이고 그것은 정말 중요한가를.

삶의 복잡성에 자꾸만 선을 긋고 무엇이든 설명하기 위해 애써 온 인간들에게, 더 나은 것과 우위를 가리려는 인간들에게 묻는다. 그렇다면 양을 떠나보내는 지금 이 순간, 양은 무엇이었나. 우리는 삶에 몇 가지 선을 그을 만큼 무언가를 규정하고 설명할 능력이 있나. 그어진 선들은 그럴 만한 가치가 있나. 함께 한 가치와 별개로 양을 설명할 수는 없을 것이다.

인간적인, 너무나도 인간적인

인공지능은 감정을 가질 수 있을까. 이것은 정당한 질문인지 돌아본다. 인간은 인간 아닌 존재를 너무도 쉽게 타자화한다. 백인이 다른 인종에게, 남성이 여성에게 오랜 기간 그래왔듯, 언어에서 배제하고 그 존재를 타자에 존속시킨다.

인간은 자유의지를 가지고 선택하고 생각할 수 있기에 도덕적 우위를 가질 만큼 우월한 것일까. 그렇지는 않을 것이다. 인간 중심적인 발상은 모든 곳에 스며들어 인간과 인간 사이도 금세 가르고 우열을 만든다. 우리가 여태 그래 왔듯이. 인간과 인간 아닌 것을 구분하고 인간 위주의 선택을 하는 태도는 결국 인간 사이에도 그런 일이 벌어질 수 있음을 예고하는 것과 다르지 않다. 돌직구 없던 이 영화에서도 대뜸 날아오는 질문이 있다. 제이크는 양의 기억 속에 있던 복제 인간에게 양이 인간이 되고 싶어 했느냐고 묻는다. 그녀는 말한다.

"모든 다른 존재가 인간을 동경한다는 발상이 너

무 인간적이지 않나요."

여기에서 '인간적'이라는 표현은 인간이란 존재의 오랜 무신경함을 꼬집는다. 애프터 양의 세계는 인종적 우월성의 구분을 파괴한 듯한 사회의 모습을 보여주지만 결국 이 사회는 복제인간과 테크노 사피엔스에 대한 우월성을 통해 안정을 찾는 형태로 여전히 모순을 안고 있다. 이것은 차츰 나아질 수도 있고, 다시 악화할 수도 있다. 자기중심적인 생각을 벗지 못한 인간 존재가 다시 자신의 확고한 안전을 확보하기 위해 상대를 낮출 합리화 계제를 찾아낼지도 모를 일이다.

인공지능이 감정을 느끼는 것이 밝혀져 뒤를 쫓기고 음모가 발생하는 영화들을 세어본다. <애프터 양>은 복제인간이나 테크노 사피엔스의 이유나 정체성을 설명하지 않는다. 그들은 존재 자체로 자신을 인식하는데 반해 헤매는 것은 인간이다. 인간만이 그것을 궁금해하는 듯 보인다. 결국 시간과 공간도 알기 힘든 이 영화에서 우리가 봐야 하는 것은 양의 기억 장치 속에 있는 장면들이다. 양이 선택한 기억의 묶음 속에서 제이크가 그러했듯 사랑의 장면들을 읽는다. 어떤 대상을 지그시 바라보는 일에는 의미가 깃든다. 눈에 오래 담고 싶은 풍경은 그 시선에게 중요한 것이고, 이 존재를 설명할 수 있는 가장 날 것의 데이터다.

의문과 두려움 없이 사랑하고 아끼는
우리는 맥락이다. 끝이 곧 시작이고, 시작이 곧 끝이라는 애벌레와 나비의 이야기에서 그 말의 뜻을 믿고 싶으냐는 물음에 양은 끝이 두렵지 않다고 말한다. 아마도 그건 그가 인공지능이라서가 아니라, 자신의 정체성에 대한 의문과 두려움 없이 사랑하고 아끼는 것들의 기억만으로 자신에게 주어진 삶을 충실히 지나왔다고 여기기 때문일 것이다. 모두에게 자신의 몫이 있다는 사실을 알기에 두고 떠나는 이들에 대한 걱정과 두려움도 없는 것이리라고.

정체성이란 환상 속에서 자신의 삶이 하나의 맥락을 가진 운율과 같다는 것을, 스쳐가는 바람이라는 것을 우리는 인정하고 받아들일 수 있을까. 반복해 등장하는 릴리 슈슈의 노래 글라이드에서는 바람이고 싶다고, 선율이고 싶다고 부른다. 우리에게 각인된, 나 자신이 되고 싶다는 사회적 욕망에서 벗어날 수도 있을까. 진정한 자신을 발견하고 실현해야 한다는 부담과 무언가를 이루지 못했다는 불안 대신 자연스럽게 두려움 없이 저 끝과 시작까지 흘러갈 수 있을까.

사랑이라는 말은 아무리 써도 충분하지 않다. 우리는 들어도 들어도 충만해지지 못하고 쉴 새 없이 말해주기를 원하거나, 증거를 얻고 싶어 한다. 말에는 힘이 없고 말해지지 않은 것은 언제나 힘이 세다.

사랑을 잃고 나는 쓰네

영화 <찬실이는 복도 많지>(2019)

삶에서 가장 중요하다고 생각하는 것 한 가지를 좇는 삶을 생각한다. 몰입. 푹 빠져들어 인생을 바칠 정도의 열정을 가지고 살아가는 나를 상상해 보기도 한다. 그것밖에 보지 못하는 사람, 혹은 그것만 보는 사람. 그는 행복할까. 찬실은 영화 프로듀서로 삶을 갈아 넣으며 행복을 느낀다. 결혼은 못 해도 평생 좋아하는 사람들이랑 영화는 만들 줄 알았는데. 그는 기 감독과 거의 모든 작품을 함께 만든다. 감독이 급사를 한 뒤에 모든 이력이 기 감독 영화인 그를 찾는 영화사도 감독도 없다. 결국 아무도 찾지 않는 프로듀서가 된 찬실은 아는 후배 배우의 가사도우미 일을 시작한다. 그곳에서 시나리오 작가 영을 만나고 희망을 잃은 가슴에 한 줄기 빛이 내린다. 영화 없이도 자신을 설레게 하는 대상이 생길지도 모른다는 희망이었을 것이다. 게다가 두 사람은 영화를 사랑하지만 현실적인 조건 탓에 생계를 위해 다른 일을 하며 살아간다. 가슴에 꿈의 불씨를 품은 사람, 자신의 삶을 공감하고 나눌 수 있을 것만 같은 사람이 나타났다.

찬실은 영에게 동질감을 느꼈을 것이다. 계속 영화를 할 수 있을까, 영화를 빼면 나는 뭘까. 세상이 나에게서 영화를 뺏어갈 수도 있는 걸까, 나는 뭘 하고 살아야 하지, 계속 영화를 할 수 있을까. 쳇바퀴처럼 돌고 도는 질문을 결국 영에게 뱉어낸다.

"영화 안 하고도 살 수 있을 것 같아요?"
찬실은 영에게 묻는다. 없으면 살 수 없을 것 같은 것이 당신에게 있는지, 그렇다면 그것 없이도 살 수 있을지, 찬실은 영화밖에 앉아 화면을 쳐다보는 관객들에게도 묻는다. 찬실의 방황은 새로운 사람을 만나 사랑으로 길을 찾은 듯 보이지만 그것도 영 잘 풀리질 않고 찬실은 다시 원점으로 돌아간다. 어쩌면 찬실은 지금까지는 영화에 매달려 왔는지도 모른다. 이것이 자신의 삶을 책임져줄 것이라고, 미래가 되어줄 것이라고. 그랬던 것처럼 영과의 관계가 자신의 삶을 가득 채워줄 것이라고 믿었는지도 모른다. 찬실은 '방향'이라는 안정적인 기준을 갖고 싶었던 게 아닐까.

타인이 자신을 채워줄 수 없다는 사실을 깨달은 뒤에, 찬실은 무언가 자신을 채워주길 바라는 대신 사랑만으로도 가득 차는 사람이 되기를 택한다. 영화 외의 것에 마음을 두고, 다른 곳에도 삶이 있다고 믿으면 되는 게 아닌가 싶던 생각은 자신에게 미소를 지어주지 않는 상황으로부터의 현실 도피였는지도 모른다. 놓칠 수 없는 단 한 가지가 아니라 오만 가지 다 하고 싶은 욕심이 내겐 있다. 분명 제일 하고 싶은 게 있는데 내 눈을 다 가릴 정도가 되지는 못하는 일인지, 아니면 내가 한 가지만 사랑할 수는 없는 사람인지 잘 모르겠다. 가끔은 하나의 목적만을 가지고 나아가는 사람, 포기할 수 없는 너무나도 큰 사랑에 몰두하는 사람을 보면 나지막이 패배감을 느끼기도 한다. 물론 나에게도 그에 상응하는 기쁨과 슬픔이 있다. 반짝이는 수많은 존재가 끝도 없이 펼쳐진 미래를 볼 때 가슴이 팽창하는 기분과 함께 찾아드는 충만함 같은 것들이. 다가올 미래가 확실하지 않아도 괜찮은, 불안보다는 설렐 수 있는 마음이.

어쩌면 나는 자주 잃고 자주 얻는 사람이기를 택했는지도 모른다. 사랑을 잃고도 글을 썼던 기형도처럼, 나에게는 잃은 것을 노래하고 새로운 것을 사랑할 용기가 있는 게 아닐까. 못 살겠다고 엉엉 우는 대신 털고 일어나 다시 눈을 반짝일 수 있는 사람으로 사는 복을 누린다. 그럼 나는 사랑하기만을 선택한 사람일까. 사랑은 저마다의 방식이 있고, 각자 선호하는 스타일도 다르다. 나는 사랑이 도처에 널린 것이라고 생각한다. 언젠가는 완전한 사랑을 갖고 싶은 나의 마음은 진실하지만 그 사랑을 위해 모든 것을 포기할 준비는 영영 되지 않을 사람일 것이다.

영은 영화를 제외하고 자신의 삶을 구성하는 것들을 하나씩 꺼내 말해준다. 사랑하는 사람, 좋아하는 것들. "살 수 있을 것 같은데요, 저는. 영화 없이도." 영에게도 말처럼 쉽고 가벼운 결론은 아닐 것이다. 그는 여전히 시나리오를 쓰고 있으니까. 다만 영화가 삶의 전부가 아닌 사람도 있는 법이다. 영화가 작아서가 아니라, 열정이 부족해서가 아니라, 자신이 여전히 사랑할 힘을 가졌기 때문에, 언제까지고 영화를 그리워할 수 있기 때문이다.

나는 사랑이 도처에 널린 것이라고 생각한다.

언젠가는 완전한 사랑을 갖고 싶은
나의 마음은 진실하지만
그 사랑을 위해 모든 것을 포기할 준비 역시
영영 되지 않을 사람일 것이다.

누가 나를 사랑해줄까
영화 <월플라워>(2013)

사람들은 자신을 얼마나 사랑할까. 잘난 사람일수록 나를 더 사랑하고 있을까, 삶이 주는 밝은 빛과 감동에 전율을 금치 못할까. 그 사랑이 주는 힘으로 자신을 믿고 앞으로 나아가고 있을까. 사랑받는다는 느낌의 기준마저 우리는 서로 너무 달라서 그 감정을 결코 이해할 수 없겠지만, 우리는 자신의 세계 안에서 살 뿐 그 밖으로는 나올 수 없다. 알을 깨고 나와도 나는 나다. 타인이 될 수 없고, 내가 아닌 것을 컨트롤할 수 없다.

영화 <월플라워>의 주인공 찰리는 문학을 가르치는 앤더슨 선생님에게 묻는다.

"왜 좋은 사람들이 안 좋은 사람들과 사귈까요?"

앤더슨은 잠시 생각하곤 찰리에게 답한다.

"우리는 자기가 받을 수 있다고 여기는만큼만 사랑을 받아들이기 마련이란다."

사랑이라는 단어 안에는 인정, 관심, 이해 같은 것들이 들어있다. 내가 사랑을 받을 자격이 있나. 글쎄, 누가 나를 사랑하고 있나 세어보는 내가 있다. 타인이 주는 만큼을 내가 받을 수 있는 것이라고 여긴다면 이미 나의 자격은 타인에게 걸려있는 것 아닐까. 사랑받을 자격이나 조건, 내가 얼마나 사랑받고 있는지를 종종 의식하지만 내가 나를 얼마나 사랑하는지는 잘 생각해 보지 않는다. 당신은 당신을 사랑하십니까? 당연해서 묻지 않았나요? 나를 사랑하는 건 당연한 일인가요?

내가 하고 싶어 하는 일을 응원해 주고 싶은데 발 벗고 나서지 못하는 나. 친구들의 용기에 힘을 실어주고 싶어 하면서도 나의 용기는 의심하는 나. 친구의 두려움을 없애주고 싶지만 내 두려움은 없애지 못하는 나. 그런 무수한 나와 여기 글을 쓰는 내가 있다.

나는 내가 쓴 글을 좋아하는데, 누군가에게 보여주는 일이 어렵다. 글이 별로일까 봐 걱정해서가 아니라 나 자신에 대한 부끄러움에 가깝다. 글에 대한 의심보다는 사랑받지 못할 나를 마주하게 되리란 두려움 탓이다. 누군가에게 글을 보내겠다는 마음을 먹었을 때 선뜻 시작하지 못한 이유는 내 글이 별로일 것 같아서가 아니라 사람들이 다 보는 곳에 그런 일을 하겠다고 올리는 것이 부끄러웠기 때문이다. 글이 아니라 글을 쓰겠다고 말하는 것이 부끄러웠다. 내가 하는 일을 내가 사랑하지 않는다면 누가 이 글을, 그리고 나를 사랑해 줄까, 아니 나를 사랑한다고 한들 내가 받아들일 수 있을까. 그곳엔 아마 나의 의심과 그 의심으로 인해 표류하는 사랑만 남겠지. 사랑받지 못했을 때, 인정받지 못했을 때, 받아들여지지 않았을 때의 불안 탓에 원하는 걸 하지 못한다면, 나는 나를 충분히 사랑하고 있는 걸까.

하루는 연재를 시작하는 일의 부담을 이야기하다가 사람들은 남한테 별 관심이 없으니 그냥 하면 된다는 말이 나왔다. 그걸 잠시 위안 삼았다. 그랬다. 미친 짓을 하려고 할 때, 아니 그냥 하고 싶다고 생각한 일을 시작할 용기를 내려고 할 때, 글을 보내겠다고 할 때, 용기를 낼 수 있는 이유가 사람들은 어차피 남 일에 관심이 없기 때문이라면 마음은 조금 편해지겠지만 역시 슬플 것이다. 사람들이 내가 어떻게 살든 신경 쓰지 않을 것이라서 부끄러움을 이겨내고 이런 일을 할 수 있는 것과 내가 나를 소중하고 자랑스럽게 여겨서 이 글을 쓰는 것은 다르기 때문에.

앤더슨의 대답에 찰리는 다시 묻는다.

"자신이 더 가치 있다는 사실을 알려줄 수 있을까요?"

"시도는 해 볼 수 있지."

찰리는 샘에게 그 사실을 알려주고 싶었다. 너는 더 나은 사랑을 받을 자격이 있다고. 그래서 부단히 노력했지만 샘은 이해가 안 간다는 듯 찰리에게 묻는다.

"너는 왜 나한테 사귀자고 안 했어?"

"나는 네가 원한다고 생각하지 않았어."

"너는 뭘 원하는데?"

"네가 행복했으면 좋겠어."

"난 그 마음이 안 느껴져. 그냥 앉아서 배려하기만 하는 건 사랑이 아니야. 나는 짝사랑 상대로만 남고 싶지 않아."

사랑은 일방적으로 완성되지 않는다. 영화 속 상황처럼 연인이 되고 말고의 문제가 아닌, 찰리가 샘에게 사랑을 주고 싶어 했지만 자신을 충분히 사랑하지 못해서 샘에게 진심을 보여줄 수 없었던 것처럼, 진심은 나를 통해서만 나갈 수 있어서, 나를 아끼고 사랑할 때 그 누군가도 나를 통해 사랑을 느낄 수 있는 게 아닐까.

나를 사랑하는 일은 좀처럼 당연해지지 않는다. 내가 나 자신을 좀 귀여워하면, 하고 싶은 일이 있다고 스스로에게 말할 때 엉덩이라도 두들겨주고 싶을 텐데, 마냥 귀여워하기가 쉽지 않아서 한동안 웅크리고 지냈다. '사람들은 남에게 별 관심 없어, 판단하고 평가하지 않아'라는 이유로 시작할 수도 있었지만, 이 글을 보내는 지금은 내가 부끄럽고 민망하지는 않다. 아마 이 고백 덕분일 것이다. 나를 사랑하고 싶었다고 말한 덕분일 것이다.

3부 | 나를 넘어설 수 있다면

우리가 서로의 주석이 된다면 | 영화 <타인의 삶>

탈피 | 영화 <빠삐용>

각자의 사정 | 영화 <12인의 성난 사람들>

무서운 게 있어서 다행이야
| 영화 <너의 눈을 들여다보면>과 <쁘띠마망>

우리는 견디는 대신 사는 것이다 | 영화 <파도가 지나간 자리>

슬픔이 잊힐 때 | 영화 <아이히만 쇼>와 <나는 부정한다>

디즈니 영화 보면서 우는 어른들 | 영화 <메이의 새빨간 비밀>

우리가 서로의 주석이 된다면
영화 <타인의 삶>(2007)

아픔을 오롯이 혼자 책임질 수 있는 사람은 없다. 감당할 수 없어서 결국 아프게 되었으니까. 혼자서는 차마 채울 수 없는 새벽이 있다. 텅 빈 하루가 있다. 예술이 사람을 위로한다는 건, 결국 누군가의 삶이 나를 이해하고 어루만져 준다는 가장 일반의 위안이다. 그래서 우리는 그렇게도 서로의 삶을 묻고, 나누고, 그걸로도 부족해 책을 펼치고, 음악을 듣고, 영화를 보고, 또 다른 무언가를 찾아 헤맨다. 나에게 꼭 맞는 이야기를 만나 마음 내어주고 엉엉 운다.

우리는 서로에게서 얼마나 독립적일 수 있을까. 그래도 되긴 하는 걸까. 나는 당신의 삶에 얼마나 깊숙이 들어갈 수 있는 걸까. 그래도 되긴 하는 걸까. 당신에게 물을 수도, 끝내 스스로 해결하지도 못할 그런 물음이 있다. 나는 당신에 위로가 될 수 있을까. 가끔은 누군가의 어깨너머로 경험하는 익명의 삶 자체가 나를 이해하고 위로하는 것만 같아서.

영화 <타인의 삶> 주인공은 동독 비밀정보국에서 예술가들을 감시, 도청하는 역할을 맡은 인물이다. 그는 당의 지시에 묵묵히 따르는 모범적인 인물이었으나, 감시하던 예술가의 삶에 빠져들게 되고 당의 지시를 어기고 예술가를 돕는다. 결국 그는 좌천되고, 예술가는 통일 뒤에 이름 모를 누군가 자신을 지켜줬다는 걸 알게 되어 그 이야기를 책으로 만든다. 훗날 그는 서점에서 책을 구입하며 "이 책은 절 위한 겁니다." 말한다.

첫눈에 쿨하고 멋지다고 생각한 사람이 있었다. 열 살 정도 차이가 났는데, 그가 하는 일이 참 대단해 보여서 동경을 담아 바라봤다. 나도 언젠가는 그처럼 멋진 작업을 할 수 있을까, 현재의 상황을 탓하며 그에게 당시의 나를 한탄했다. 스스로를 깎아내리는 나에게 그는 이전의 시간을 이야기했다. 내가 투정한 그대로의 모습을 한 어린 시절의 그가 회사에서 몇 시간이고 앉아 작업하던, 그 지루한 하루의 반복을. 아, 나는 내내 그를 보고 싶은 대로만 보고 있었구나. 그가 지금에 닿기 전에, 나를 만나기 전에 지나왔을 시간을 나는 함부로 지나쳤다. 마치 그가 처음부터 이 자리에 서있기라도 했던 것처럼, 그의 노력은 세지 않은 채.

그 부끄러운 날이 한동안 마음에 남았다. 얼마나 어리게 보였을까. 현재에는 늘 핑계뿐, 노력도 없이 한 번에 멋진 결과로 시작할 수 있을 거라 생각하는 뻔뻔함. 오래도록 작은 세상에 갇혀 살며, 편협한 시선에 갇혀 스스로를 업신여겼다. 과정을 부끄러워했던 마음에 대한 부끄러움이 한동안 나를 쑤셨다. 그저 흐를 뿐인 시간에 기대고 있어서는 어디로도 갈 수 없어서, 원하는 모습이 되기 위해 무거운 엉덩이를 힘껏 들썩여야 한다는 사실을 당신 덕에 뒤늦게 깨달았다.

비즐러가 예술가를 도왔던 이유는 자신의 삶에 대한 욕망과 희망을 타인의 삶에서 보았기 때문이 아닐까. 나는 당신들을 통해 나의 일부를 발견하고, 이해 가능한 삶의 범위를 넓힌다. 겪어본 적 없던 힘든 시간을 마주할 방법을 배운다. 비즐러가 자신을 위한 책이라는 말을 한 것도, 예술가를 도왔던 것도 사실 스스로를 살리기 위해서였는지 모른다.

이 영화를 본 뒤로 나는 우리가 서로의 바깥이 되었으면 좋겠다고 자주 쓰곤 했다. 나를 짓기 위해 당신이 필요하다고, 당신의 일부분이 내 안에 필요하다고 자꾸만 말하고 싶었다.

우리는 서로에게서 얼마나
독립적일 수 있을까.
그래도 되긴 하는 걸까.

나는 당신의 삶에 얼마나
깊숙이 들어갈 수 있는 걸까.
그래도 되긴 하는 걸까.

탈피

영화 <빠삐용(Papillon)>(2017)

*papillon 나비, 프랑스어.

강인한 의지의 주인공 빠삐는 누명을 쓰고 들어간 감옥에서 끝없는 사투 끝에 지옥의 섬에서 탈옥하고 남은 생을 자유인으로 살아간다. 다만 영화에서 탈피하여 변태하는 성장의 역할은 빠삐의 것이 아니다. 그의 야위고 나약한 조력자 드가는 8년의 시간 동안 이야기 속에서 가장 생동하는 존재다. 빠삐는 껍질을 벗고 새로 태어나기 위해 몸부림치는 존재라기엔 신념의 수정이나 믿음의 변화로써 성장하지 않는다. 대신 굽어지지 않는 삶의 의지가 웬만한 영웅들과 비교해도 심심하리만치 될성부르고 비범한 인물로, 그의 서사는 곧장 앞으로 나아갈뿐이다.

나와 같은 불안한 눈빛으로 삶을 경외하는 존재는 드가다. 우리 삶에는 변화를 기점으로 작동하는 특정한 시공간의 문턱이 몇 개 있다. 그들의 수감 생활도 마찬가지다. 본토에서 수용선으로, 수용선에서 감옥으로, 감옥에서 독방, 독방에서 지옥의 섬으로. 이야기는 빠삐의 시선을 통해 진행하지만 바뀌는 시간선마다 다시 만나는 드가는 자꾸만 다른 사람이 되어있다. 우리가 이해할 수 있는 만큼 느리게 성장하는 인간.

빠삐가 처음 독방에서 2년을 보내고 돌아왔을 때, 드가의 검게 타고 망가진 피부를 들여다보며 우리가 나약한 인간에게 닥쳐온 세월을 짐작하는 사이, 그는 서사의 한가운데로 옮겨 온다. 단 하룻밤도 혼자 버틸 수 없을 것만 같던 나약한 드가는 빠삐가 없는 이 년을 어떻게 보냈을까. 영화는 그가 교도소장의 서기가 되어 목숨을 부지할 수 있었다는 증거를 대신 제출하지만, 이내 드가는 초기의 모습과 대비되는 태도로 스스로의 존재를 증명한다.

감옥 살이 초반, 빠삐는 드가의 돈을 노리는 무리와 부딪혀 드가 몫까지 싸우며 상대의 살점을 입으로 물어뜯기까지 한다. 그 당시의 드가는 샤워장 진흙탕 위에 한 번 구른 것만으로 기력을 잃는다. 빠삐가 독방에서 살아돌아왔을 때, 드가는 어느새 괴롭힘에 저항하기 위해 상대의 손목 정도는 물어뜯는 사람이 되어 있었다. 빠삐가 없는 동안 드가는 스스로의 삶을 선택할 수 있는 인간으로 성장한 것이다. 또한, 2년 전 빠삐가 드가를 구하기 위해 간수를 덮친 형벌로 독방에 갇혔을 때, 드가는 얼마 남지 않은 돈을 써서 코코넛을 보낸다. 코코넛은 빠삐가 지독한 독방 생활에서 이성과 기력을 잃지 않도록 돕는 동아줄이었다. 하루하루가 파리 목숨 같은 곳에서 드가는 빠삐를 살리기로 결심한 것이다. 드가는 약한 인간이다. 나약한 몸과 마음은 인간의 부족한 부분을 채워줄 덕목들을 발달시킨다. 연민과 동정, 우정과 공감 능력처럼 혼자 살아갈 수 없는 인간이 흔히 갖는 특성은 온갖 독종들 사이 빛을 발하는 드가의 특출함이 된다.

또다시 탈옥을 준비할 때 드가는 단순히 돈을 지불하는 존재가 아니라, 역할을 수행하는 일원이다. 간수들을 재우고, 폭우로 전기가 나가자 임기응변으로 다른 경로의 열쇠를 훔쳐 온다. 빠삐는 더 이상 드가에게 해줄 것이 없다. 배를 타고 바다로 나갔지만 탈출하기엔 턱도 없는 배 위에서 함께 탈출한 이가 생존을 계산해 드가를 버리려 한다. 다시 한번 영화 초반으로 돌아간다. 교도소로 이송될 때에 드가의 생명을 위협하던 죄수의 칼을 막은 빠삐는 얼빠진 얼굴로 눈앞의 죽음을 바라보던 드가에게 떨어진 칼을 집으라고 소리친다. 몇 년 전 얼떨떨하게 칼을 집어 들던 드가는 이제 탈출하는 배에서 떨어진 칼을 집어 상대를 몇 번이고 내리찍는다. 드가는 데칼코마니처럼 같은 무늬가 찍히는 장면마다 껍데기를 하나씩 탈피한다. 예능 프로그램 <알쓸신잡>에서 생물학을 전공한 장동선 박사는 갑각류 이야기를 한다. "갑각류는 안은 말랑말랑 한데 겉이 단단해요. 근데 그럼 어떻게 성장을 할까요? 갑각류는 크기 위해 허물을 벗어요. 탈피의 순간, 갑각류는 누구에게든 잡아먹히고 다칠 수 있어요. 내가 성장할 수 있는 때는 오직 내가 가장 약해지는 그 순간인 거예요. 저는 인간의 몸은 척추동물이지만, 인간의 마음은 게나 가재와 비슷하지 않을까 생각했어요. 죽을 것 같고, 잡혀먹을 것 같고, 스치기만 해도 상처받을 것 같은 그 순간에 우리는 크고 있는 거잖아요."

드가와 빠삐는 모두 애인을 두고 교도소에 들어오지만, 애인의 변심과 마주하는 건 드가뿐이다. 빠삐는 연인이 기다릴 것이라는 기대조차 하지 않는다. 드가는 교도소에서 공책을 구해 연인의 모습을 그렸다가, 빠삐의 조롱에 그녀의 이목구비를 지운다. 그는 죽음의 섬에서도 삶을 포기하지 않고 건물 내벽에 그림을 그리며 수감 생활 동안 겪은 변화의 모습을 밖으로 꺼낸다.

드가는 그림을 그린다. 자신의 내면과 세상의 불화를, 인생의 온갖 맛이 그 안에서 응축하여 선과 색으로 뿜어져 나온다. 그는 안전을 지켜주는 빠삐와 실제로 함께 한 기간은 무척 짧았다. 기댈 곳은 자주 무너지지만 우리는 의지하지 않는 순간에 자신의 이름을 얻는다. 빠삐가 마지막 탈출을 위해 절벽에서 뛰어내렸을 때에, 화면 가득 혼자 남기로 결심한 드가의 얼굴 위로 빠삐의 목소리가 울려 퍼진다. 드가의 이름, 루이를 부르는 목소리가.

각자의 사정
영화 <12인의 성난 사람들>(1957)

저녁 일곱 시, 친구에게 뜬금없이 전화가 옵니다. 지금 시끄러운 곳에 있어 전화를 못 받는다고 메세지를 보내니 지금 서현역에 칼부림이 났는데, 너희 부모님은 어디에 계시냐고 괜찮냐고 묻습니다. (서현동은 저희가 중고등학교를 함께 다닌 동네로, 저희 부모님은 여전히 그 동네에 살고 계십니다.) 뉴스를 검색하니 어떤 사람이 차를 타고 인도로 돌진해 무고한 시민들을 치고, 내려서는 백화점에서 칼부림을 벌여 총 14명이 다쳤다고 나옵니다. 그중 중상이 12명이라고 하네요.

8월 3일 사건 사고 뉴스를 살펴보면 잔소리한 엄마를 살해한 남자, 강남에서 차를 타고 인도로 돌진한 운전자의 마약 양성 반응, 이웃의 20대 여자를 스토킹한 혐의로 체포된 40대 남자, 층간소음 칼부림 등이 나옵니다. 놀라운 일입니다. 사람들은 어떻게 사회로부터, 인생으로부터 상처받고 그것을 핑계 삼아 자신을 버리고 타인의 삶을 파괴하고 마는 걸까요.

무더운 날, 열두 명의 남자가 선풍기조차 돌아가지 않

는 방에 모입니다. 그들은 답을 내려야만 방에서 나갈 수 있습니다. 한 소년이 아버지를 살해한 혐의로 재판대에 오릅니다. 배심원으로 뽑힌 저마다 배경이 다른 열두 명의 남자가 처음 만나 소년의 유무죄 여부를 가리기 위한 토론을 벌입니다. 처음엔 11:1로 단 한 명을 제외하고 소년에게 유죄 선고를 내리자고 합니다. 배심원 제도는 우리나라에도 있는데, 무작위 선출로 참여는 의무입니다. 물론 여기에 뽑히는 경우도 흔하지는 않다고 합니다. 저도 주변에 배심원을 해봤다는 사람은 본 적도 들은 적도 없으니까요. 영화의 배경은 미국으로 그들은 만장일치 합의를 봐야합니다. 그들은 대부분 빨리 답을 내리고 이곳을 벗어나 일상으로 돌아가고 싶어하죠. 무죄를 주장한 남자에게 사람들은 따지듯 묻습니다. 누가 봐도 소년이 범인이 아니냐고, 증인이 있지 않냐고, 그런 극악무도한 패륜을 옹호하는 이유가 무엇이냐고요. 홀로 무죄 not guilty를 외친 그는 잘 모르겠다고 합니다. 증거는 없고, 두 명의 증인 뿐 그 내용들이 석연치 않은데, 마음 속에 의심이 있는 채로 누군가의 인생을 그리 쉽게 결정할 수는 없지 않겠느냐고요.

그는 시종 차분함을 유지하며 상황을 객관적으로 보려 합니다. 소년의 편도 아니고, 단지 이 결정에 달린 삶이 결코 가볍지 않기에 '쉬운 결정은 아니어야' 한다는 이유로요. 더 정확하고 확실하게 상황을 이해하고자 합니다. 처음에 그와 의견이 달랐던 사람 일부는 그의 태도에 동의하기에 이 이야기를 더 이어나가기 위해 무죄를 주장합니다. 확신이 없는 일로 누군가의 목숨을 좌우할 수는 없겠다고요. 분명 이 사건에는 석연치 않은 부분이 있습니다. 증인들의 말과 정황은 어딘가 맞지 않는 것 같고, 그 주장의 근거가 촘촘하지 않습니다. 이 사건에는 증거가 없고 증인과 정황뿐입니다. 결국 무죄를 주장하는 사람들은 점점 증인들의 말에서 허점을 발견하고, 논리적인 근거를 세워 소년이 유죄가 아닐 수도 있다는 지점에 도달합니다. 몇 번의 투표를 지나 결국 과반수가 넘는 이들이 무죄를 택하기에 이릅니다. 남은 사람들은 이제 논리적인 근거를 무시하며 목소리를 키워 감정적으로 유죄를 주장합니다.

사실 그들은 서로 다른 문제를 안고 이곳에 왔습니다.

소년에 대해 각자의 경험에 비추어 판단할 12가지의 이유가 있고, 그것들은 개개인의 삶만큼이나 설득력 있습니다. 관객 역시 한정된 공간에서 만들어낸 강한 긴장감, 각자의 이야기를 지닌 입체적인 캐릭터들 덕분에 특정 인물에 치우치지 않고 이야기에 몰입하게 됩니다. 소년이 정말 유죄일 것이라고 주장하는 데에는 그들이 가진 경험과 배경, 삶의 희노애락이 영향을 끼칩니다. 명확한 답 없이 영화의 막이 내리며 다시 한번 생각하게 됩니다. 여전히 우리에게는 그 어떤 증거도 없고, 소년 외에 용의자가 없다는 사실을요. 그러니 이 이야기는 우리가 하는 선택이 오늘의 것이 아니라, 우리 삶 전부를 관통해 나온다는 걸 말해주는 게 아닐까요.

사람들은 어떻게 사회로부터,
인생으로부터 상처받고
그것을 핑계 삼아 자신을 버리고
타인의 삶을 파괴하고 마는 걸까요.

무서운 게 있어서 다행이야
영화 <너의 눈을 들여다보면>과 <쁘띠 마망>

두려운 만큼 삶을 사랑하는 거라고, 나는 썼다. 그런 삶을 정말로는 아끼고, 또 즐기고 있다고. 영화 <너의 눈을 들여다보면>에는 귀가 들리지 않는 복서가 나온다. 그녀는 귀가 들리지 않을 뿐만 아니라 무척 과묵하다. 표정도 잘 바뀌지 않고, 뭔가 내색하는 법이 없어서 다른 사람을 궁금하게 한다.

프로 시합에서 이기고 온 어느 날 밤, 남동생은 그녀에게 복싱이 무섭지 않으냐고 묻는다. 그녀는 당연히 무섭다고 답한다. 복싱짐에서 코치님은 그녀와 시합을 복기하며 자꾸 뒤로 가면 안 된다고 가르친다. 그녀는 무서워서, 맞고 싶지 않아서 뒤로 간다고 답하며 계속해서 뒤로 피한다.

동생은 (무서워한다니) '다행'이라고 말한다. 무서워하지 않으면 어쩌냐고, 인간답다고.

그래 우리는 무서운 게 있어서 다행이다. 그게 우리를 인간답게 만든다고 나는 생각한다. 가끔 그것은 깨진 그릇 파편처럼 잘못 튀어 타인을 상처 입히기도 하지만, 두렵기 때문에, 무섭기 때문에 오만한 인간이 되지 않을 수 있는 거라고 나는 믿는다. 그만큼 자신의 삶을 지키고 싶어 하는 거라고, 그 삶을 포기하고 싶지 않은 거라고. 그렇담 이기적인 사람은 역시 삶에 대한 의지가 너무 강한 것인지도 모른다고, 나는 한편 생각해 보기도 한다.

무엇을 두려워할 것이냐가 우리 삶의 방향을 좌우할지도 모른다. 자신이 상처 입고 손해 볼 것만을 두려워하며 자신을 대신해 타인을 상처 입힐지, 소중한 가치와 사랑을 지키기 위해 두려워하며 애를 쓸지. 후자의 사람들은 자신의 공허를 채우기 위해 타인을 찾지 않는다. 자신이 채워지지 않아도 타인의 만족과 기쁨으로 허기를 달랜다.

그녀는 눈이 좋다. 체육관 회장은 주인공의 승리 인터뷰에서 그렇게 말한다. 타고난 재능이 없지만 잘 보는 눈을 가졌다고. 그 눈에 무엇을 담을 것인가, 좋은 눈에는 분명 타인의 고통과 사랑이 점차 깃들 것이다.

영화 <쁘띠마망>에서 딸은 아빠의 어린 시절을 묻는다. 별로 들은 적이 없다면서. 아빠는 많이 말해준 것 같다고 답하는데, 딸은 "크리스마스 선물이나 피자를 좋아한다 같은 사소한 얘기들뿐이잖아." 타박하며 진짜 얘기는 못 들었다고 한다. 아빠가 되묻는다. "진짜 얘기가 뭔데?" 나는 그들의 대화에 낄 수 없으므로 속으로 묻는다. '그러게, 진짜 얘기라는 게 뭐야?'

"예를 들면, 아빠가 무서워했던 거."

<쁘띠마망>은 한 아이가 엄마의 어린 시절을 만나게 되는 이야기다. 그것도 물리적으로. 엄마가 어린 시절 살던 숲속 집에서 한참을 걸어가면 맞은 편에는 주인공 또래의 어린 여자아이가 사는 집이 나온다. 그 집에는 엄마의 어린 시절이 살고 있다. 주인공은 그곳에서 오늘의 엄마가 마주하고 싶지 않아 하는 어린 시절을 만난다.

사소한 것과 중요한 것에는 어쩌면 경계가 없고, 말과 말 사이에서 중요한 것을 구분해 내는 건 지극히 개

인적인 문제에 불과하겠지만, 중요한 것은 당신이 무서워하는 것을 잊지 않고, 그 두려움에 가까이 다가서서 안아주는 게 아닐까. 누군가를 안아주는 사람이 되려면, 그가 좋아하는 걸 알아야 할까, 무서워하는 걸 알아야 할까.

두렵기 때문에, 무섭기 때문에
오만한 인간이 되지 않을 수 있는 거라고
나는 믿는다.

그만큼 자신의 삶을 지키고 싶어하는 거라고,
그 삶을 포기하고 싶지 않은 거라고.

우리는 견디는 대신 사는 것이다
영화 <파도가 지나간 자리(The Light Between Oce-ans)>(2016)

"삶, 난 그거면 돼요."

신이 왜 자신을 선택했는지 진실로 물은 남자가 있었다. 수많은 죽음에서 돌아온 남자는 자신에게 주어진 삶이 어떤 의미인지 생각했다. 알 수 없는 것투성이었기 때문에 죽지 못해 살았다. 삶의 의미를 알지 못하고는 삶을 포기할 수도 없었기 때문에. 그래서 그는 존재로서 목숨에 대한 빚을 갚고자 했는지도 모른다. 감사할 일이라고는 떠올릴 수 없으나, 저 대신 죽어간 사람들을 위해 포기할 수 없는 삶이었다. 그렇게만 생각했다.

우리가 삶을 쉽게 포기하지 못하는 이유는, 그 단어 안에 포함된 무수히 많은 연결점들 때문인지도 모른다. 존재는 홀로 설 수 없다. 파도는 밀려 와 부딪힌 뒤 사라지는 게 아니라 파편되어 다시금 공기를 머금고 새로운 파도가 되어 밀려온다. 반복되는 매일의 삶은 파도만큼 사실 단 한 번도 같았던 적 없다. 톰이 완연한 고독을 선택하기로 마음 먹었을 때, 그래서 무미건조한 매일을 살아가기로 결심했건만, 삶은 그를 스스로 고독에서 빠져나오도록 만든다. 그는 움직이지 않는 점으로 한 자리에 서 있는 듯 했지만 고독이라는 방향성은 이동하여 다른 점과 부딪히고, 결국 타인을 통과하게 만든다. 살아있다는 건 늘 선택과 방향, 그 운동으로 다른 점과 부딪혀 새로운 방향으로, 이유를 명확히 할 수 없는 시간을 영위하게 한다.

그가 바다를 바라볼 때, 그의 눈에서는 금방이라도 눈물이 흐를 것 같다. 어쩌면 밀려오는 삶에 대한 벅찬 감정 때문인지도 모른다. 방향도 의미도 알 수 없는 바다를 비추는 빛을 바라보고 있자면, 자꾸만 지치지도 않고 부딪쳐 오는 파도 소리를 듣고 있자면, 먹먹함이 밀려온다. 자연에 대한 경외감인가 싶을 때도 있으나, 이건 그보다 진한, 부서지는 파도 사이에서 차오르는 살아있다는 벅찬 감각이다. 톰이 바다 곁을 지키며 겪는 순간만큼 삶의 감각이, 이자벨에 대한 벅참이 차오른다. 바위에 부딪히는 바다, 파도는 선명한 '존재'의 운동이다.

우리는 견디는 대신 사는 것이다
누군가는 버티는 삶을 이야기한다. 버티는 것이 인생

은 아니다. 그 자리에 서서, 밀려나지 않기 위해 참아내는 것은 더더욱 아니다. 반복처럼 보이는 파도의 그 운동이 사실 한 번도 같았던 적 없는 것처럼, 우리는 늘 부딪히며 새로운 물결의 무늬를 만든다. 영화는 내내 묻는다. 이게 무슨 의미가 있느냐고. 모두를 잃고 혼자 남아 자신의 목숨에 무슨 의미가 있는지 이해하지 못한 채 '삶'을 갈구하던 남자, 연속된 유산으로 삶에 무기력을 느끼는 여자, 우연히 주어진 생명에 눈이 멀어 늘 가슴 졸이며 사는 삶의 불안과 그로 인해 주객이 전도된 그들의 사랑. 이 모든 것이 처음부터 주어지지 말았어야 하는, 자꾸 버티게만 하는 것처럼 느껴질뿐인데도 이게 무슨 의미가 있느냐고 묻는다면, 그 다음이 있다. 삶의 충동으로 우리는 방향을 택한다. 그렇게 외딴 점 사이를 잇고, 서로에게 부딪혀 방향을 바꿔가며 삶은 그저 계속 움직여간다. 그리고 파도는 자국을 남긴다.

파도가 지나간 자리에 남은 자국들

사랑이 전복된다. 삶의 진실이 어두워진다. 파도'들'이 지나간 자리에 알 수 없는 공허함만이 남았다고 느낄 때가 있다. 이자벨은 사랑을 포기하려 하고, 톰은 사랑에 목을 매달려한다. 삶에 대한 증오와 삶에 대한 미련없음이 겹친다. 섬의 이름인 야누스, 끝과 시작이기도 한 그 이름은 톰과 이자벨이 사랑 앞에서 극으로 치닫는 모습 그 자체다. 하지만 야누스가 그 양면성을 모두 품은 채 또 바다를 흘려보내듯, 톰과 이자벨도 그렇게 서로에게 부딪히며 사랑을 끌고 간다. 삶에 대한 욕망과 허무로 만난 둘은 그렇게 하나로 섞여 흘러나간다. 살아가게 만드는, 지극한 반복 속에 현재를 만들어 내는 마음이란 결국 관계의 기본적인 요소들뿐이다. 부딪히고 또 부딪히고, 이 단순한 반복은 전혀 단조롭지 않다. 사랑으로 용서로 미움으로 끊임없이 부딪히며 삶은 나아간다. 멈추고 싶다고 멈출 수 있는 것도, 뜨겁게 살아가고 싶다고 뜨거울 수 있는 것도 아니다. 끝없이 부딪힐 뿐. 파도가 지나간 자리에, 그 사이로 비추는 불빛 속에 삶의 자국이 남는다. 그 흔적이, 존재가 그 자리에 있었다는 사실을 알고 있는 것만으로 삶은 빛이 난다. 우리가 지나온 자리가 어떤 궤적이 되었다는 사실만으로도.

'네가 사랑받고 자란다는 사실이 우리를 행복하게 했다.' 그것은 어떤 사실을 기다리는, 어린왕자를 기다리는 여우의 마음처럼, 삶의 어딘가에 존재하는 당신을 기대하는 마음으로, 매일 우리에게 '부딪혀'온다.

슬픔이 잊힐 때
영화 <아이히만 쇼>와 <나는 부정한다>

슬픔의 표정

슬픔은 어떤 얼굴을 하고 살아가야 할까. 슬픔은 언제까지 슬프다고 이야기할 수 있을까. 슬픔은 말해질수록 가벼워질 수도 있을까. 시간이 흐르고 나면 이제는 괜찮다며 다른 사람들 앞에 멋쩍은 미소를 보여주고야 마는 슬픔을 생각한다. 언제까지 슬픔에 잠겨 살 것이냐고, 다른 사람들을 생각해 분위기를 좀 맞추라는 말에 입을 다물어야 할까. 당연한 것을 조심스레 말해야 하는 세상을 우리가 만들어 가고 있는 건 아닌지 돌아본다.

당연한 것의 슬픔

이스라엘에서 6백만의 유대인 추방과 학살을 주도한 나치 전범과 당시 사건의 실체를 밝혀내기 위한 아돌프 아이히만의 재판이 열린다. 프로듀서 프루트만은 허위츠 감독을 섭외해 전대미문의 37개국 동시 TV 생방송을 기획한다. 오늘날처럼 정보가 온 동네방네 주어지는 것이 아니었던 1961년의 4월 11일, 나치의 무조건 항복 이후 16년이 지난 후에 아이히만을 공개적으로 재판하는 것이 갖는 의미는 무엇이었을까.

2022년, 제2차 세계대전과 나치의 유대인 학살은 어디서든 정보를 찾을 수 있고 교과서에 실린 단편의 이야기부터 시작해 미처 공식적으로 담기지 못한 것들도 확대해 영화로, 책으로 만들어진다. 우리에게는 익숙한 이 이야기가 익숙해지기까지, 당연한 것이 되기까지 얼마나 많은 노력이 필요했을까. 역사적인 사실이 명명백백 당연하게 여겨지기 위해 약자들의 목소리가 얼마나 오래 짓밟혔는지 그 과정을 들여다볼 때 우리는 이 모든 진실이 당연하지 않다는 걸 알게 된다.

1945년 제2차 세계 대전 종식 이후, 그 당시는 사회 분위기는 어땠나. 불멸의 공포영화 걸작인 엑소시스트가 만들어지기도 전이다. 현대의 무시무시한 폭력과 자극에 익숙해진 사람들에게 엑소시스트는 이제 그저 무섭고 불쾌한 영화 리스트 중 하나에 불과하지만, 당시에는 임산부가 유산하고 노약자가 심장마비로 사망, 이후에도 범죄의 동기가 되었다고 재판에서 증언하는 일이 벌어지는 등 사회에 엄청난 충격을 주었다. 아우슈비츠 수용소처럼 일반인들이 인간이 인간에게 가할 수 있는 그 최악의 장면들을 상상할 여지는 별로 없는 세상이었다. 과거의 자극과 현대의 자극은 무시무시한 크기로 달라보인다. 그래서 아이히만의 재판은 당대에 더욱 충격적인 것이었다. 나치가 만든 수용소의 피해자가 당시 상황을 묘사하는 광경을 사람들은 숨죽여 바라본다. 당사자는 그 기억을 되짚다가 경련을 일으키고 실신한다.

본다는 행위는 얼마나 가벼우며 또 중요한가. 증인이 방송에 나오기 전까지는 기자들마저 지루하다며 채널을 나사의 우주선 발사 장면으로 돌리지만, 이후 증인이 등장해 그 당시를 이야기하는 것만으로 사람들은 텔레비전이 있는 방에 머무는 것조차 힘들어한다. 이스라엘에 사는 유대인 이민자는 아우슈비츠에서 팔에 새겨졌던 번호를 보여주며 방송 이전까지 아무도 자신의 이야기를 듣지 않았다고 말한다. 사람들은 진실을 무시하는 것이 아니라 진실을 파헤치는 데에 관심이 없다. 그저 쇼에 관심이 있을 뿐이다. 프루트만이 이 재판을 쇼로 만들지 않았다면 진실은 이만큼의 파급력을 갖지 못했을지도 모른다. 사람들이 보게 만드는 것, 그 보는 행위를 얻기 위한 싸움이 진실의 시작이었다. 약자의 목소리가 세상에 나가기 위한. 선량한 개인을 괴롭히는 것은 불쾌한 진실이다. 듣고 싶은 말과 있는 그대로의 사실이 다를 수 있을 때 사람들은 귀를 막기도 한다. 현실을 모르는 것이 더 자연스럽고 편하다고 느낄 수 있다. 물론 그것은 개인의 종말이다.

당연한 것의 슬픔

<나는 부정한다>의 역사학자 데보라 립스타트는 그다지 호감 가는 인물은 아니다(적어도 영화 속에서는). 그녀는 홀로코스트 부인론자 데이빗 어빙을 비난하는 글을 쓴다. 1994년, 데이빗 어빙은 홀로코스트의 증거를 가져오라며 명예훼손 죄로 그녀를 고소한다. 1996년, 미국과 같은 무죄 추정의 원칙이 없는 영국에서 그녀는 고소를 당한 입장으로, 홀로코스트를 증명해야 하는 입장에 놓인다. 당연한 것을 당연하다고 말할 수 없는 상황에서 그것을 증명하기는 쉽지 않다. 당신의 '상식'을 허구로 몰아가는 사람에게 그 존재를 증명하는 일은 정신병이 걸릴 만큼 지독한

일일 것이다. 일상생활에서 상식의 기반이 다른 사람을 설득하기는 불가능에 가깝지 않은가. 화장실에서 두루마리 휴지를 바깥쪽으로 걸지 안쪽으로 걸지는 세기의 논쟁 감이다(신경 안 쓰는 사람도 많다. "그게 중요해?"). 심지어 상대방이 증인들의 트라우마를 거짓말이라며 능욕하는 종류의 인간이라면 더더욱.

하지만 영화 속 홀로코스트 문제를 떠나 어떤 역사는 관점에 따라 다른 얼굴을 한다. 역사는 불변의 상식인가? 선택 가능한 문제인가? 이것 또한 그녀를 괴롭힌다. 역사학자의 주장과 연구 주제를 옳다, 옳지 않다로 몰아간다면 누가 소신 있게 연구를 이어갈 수 있겠냐는 인터뷰도 나오며 세기의 재판은 찬반 논란에 휩싸인다.

데보라 립스타트를 지지하는 영국의 변호인단은 홀로코스트 피해자들을 증인으로 세우지 않는다. 이제 재판은 더 어려워지는 듯하지만, 변호인단은 증인에게 가해지는 폭력을 허용하지 않을 작정이다. 그들은 진실을 무기로 데이빗 어빙의 모든 주장을 검토해 거짓말 사이의 모순을 반박한다. 진실은 그 방향이 늘 같고, 그 증언은 서로를 배반하지 않는다. 하지만 거짓은 어딘가 세계를 속이기 위해 얼기설기 기운 오만의 편린 사이로 차가운 바람이 든다. 거세지는 진실이 흐르는 방향에 맞서 서있을 수 있는 거짓된 개인은 없다. 결국 데이빗 어빙은 자신이 쌓은 거짓에 찔려 재판에서 진다.

강한 슬픔의 사회
두 재판 사이의 소름 끼치는 간극이 우리에게 악몽을 가져온다. 끔찍한 학살을 밝혀내고 관련자를 처벌한 지 반세기도 채 지나지 않아 상처 입은 세계는 다시 그 상처 낸 존재를 증명하고 피해자라는 사실을 입증해야 한다.

두 영화를 이어 보고 가장 먼저 떠오르는 사건이 세월호인 것은 한국인에게 더 이상 어색한 일이 아닐 것이다. 이제 그만 잊으라는 말이 밖으로 나오지 말고 가만있으라던 그 외침과 달리 들리지 않는 것도 자연스러운 일이다. <아이히만 쇼>를 재생하고 <나는 부

정한다>를 끄며 쉽게 발견할 수 있는 것은, 이제 그만 슬픔을 넣어두라고 말하는 순간 그 슬픔을 만들어낸 자들의 기세가 다시 커진다는 진실이다. 슬픔을 잊는 순간 그 슬픔을 만들어낸 것들은 면죄부를 얻는다. 기억의 상실은 곧 진실의 상실과 같다. '잊을 때'가 되어서 이제 그만 놓으라는 말은 당사자들에게 해야 하는 말이 아니다. 아직도 슬퍼하느냐가 아니라 아직도 사과하지 않았느냐가 우리의 태도여야 한다.

영화 <배트맨>에서 어린 브루스는 부모의 죽음이 그때 그 장소에 부모님을 데려간 자신의 탓이라고 말한다. 가문의 집사인 알프레도는 그것은 강도의 잘못이지 당신의 탓이 아니라고 답한다. 우리가 책잡아야 하는 것은 슬픔에 무너져 소리치는 사람이 아니라 잘못을 한 채로도 처벌받지 않은 사람이다. 언제까지고 슬픔을 슬프다고 이야기할 수 있도록 하는 일은 인간성에 대한 물음과도 같다. 슬픔은 말해질수록 괜찮아질 수 있는 것이 아니라, 말해지며 강해져야 한다. 강한 슬픔이 되어 상처를 만든 자들에게 다시는 이런 일이 생길 수 없음을 말해주어야 한다.

또다른 데이빗 어빙이 상처를 능욕하고 상처 입은 사람들을 약자로 만들지 않도록. 슬픔을 나약한 존재가 되도록 내버려두지 않고, 건강하게 슬픔을 서로에게 옮길 수 있는 사회라면 어떨까. 같은 상처가 돌아오는 일이 없는 곳이라면.

슬픔은 말해질수록 괜찮아지는 것이
아니라, 말해지며 강해져야 한다.

우리는 강한 슬픔이 되어
상처를 만든 자들에게
다시는 이런 일이 생길 수 없음을
말해주어야 한다.

디즈니 영화 보면서 우는 어른
영화 <메이의 새빨간 비밀>(2022)

나를 어린아이가 아니라고 할 수 있을까요. 어린이가 커서 어른이 되면, 그 어른 안에 여전히 그 어린아이가 있는 것 같습니다. 디즈니 만화 영화 <메이의 새빨간 비밀>을 보다가 우는 친구를 보며 어쩌면 우리는 언제까지고 어린아이인게 아닐까 생각하게 됩니다. 내가 나이기 위해 변명했던 날들, 그럼에도 불구하고 아직도 자기다움이란 게 무엇인지 모르는, 보고 들은 온갖 것에 파묻힌 나, 상처주지 않고 실망시키지 않기 위해 부단히도 노력했지만 실패한 것 같은 기분, 완벽하지 못한 나 자신으로는 아무것도 만족시킬 수 없어 겪어야 했던 무기력감.

메이는 엄격한 엄마를 만족시키기 위해 완벽한 딸을 연기합니다. 그것이 메이가 아니라고 할 수는 없겠지만, 메이는 집과 학교, 가족과 친구들 사이에서 이런 나와 저런 나를 연기하며 살아갑니다. 하고 싶은 일에 선을 긋고, 자신을 달래가며 엄마의 기대에 부응하려 노력합니다. 부모가 아니라도, 누군가의 기대에 부응하기 위해 내가 원하는 것도 잊고 부단히 애쓴 기억이 우리에게는 있습니다. 부응하지 못할 걸 알기에 삐딱하게 굴며 투쟁하고, 타인의 기대나 시선에 부담을 느끼곤 타협하고 나를 줄여왔던 순간도요. 그 모든 '나'는 여전히 나지만 내가 되고 싶은 나는 아닐 수 있겠죠.

저와 영화를 같이 본 친구는 결국 클라이맥스에서 눈물을 터트립니다. 메이가 감당해왔던 그 모든 곪은 감정의 고백에서요. 사람들은 상처를 어떻게 대할까요. 아마 대부분은 말하지 않은 채로, 순간순간을 모면하며 그 자리를 지나오겠죠. 하지만 지난 시간은 유령처럼 그 자리에서 일어나 오늘 내 주변을 배회합니다. 그때 저는 친구가 오래 가져왔던 상처와 문제를 볼 수 있게 됐습니다. 그 유령과 울고 있는 어린아이를요. 울기도 웃기도 했던 수많은 장면들 속 누군가의 마음을 울린 페이지로부터 그 사람을 더 알게 됩니다.

상처를 어떻게 치유할 수 있는지는 모르지만, 그걸 발견하는 일이 우리에게는 필요한 것 같습니다. 나를 울게 한 영화, 책, 음악 같은 작품은 인생에서 조금 더 특별한 역할을 합니다. 나를 비춰 무언가를 느끼게 하니까요. 내가 들여다보려 하지 않았던 무언가가 밖으로 나와 호응하고 어떤 물질을 만들어냅니다. 가령 눈.물.이라던가 하는 것을 말이에요. 나를 울리는 작품을 많이 찾으면 좋겠습니다. 그 감정의 울렁임을 가볍게 넘기지는 않기를 바라고, 이유를 찾으면 좋겠습니다. 그 작품에 대한 대화를 나누면 도움이 되는 것 같습니다. 좋은 이야기는 나를 발견하게 합니다. 그런데 좋은 이야기, 혹은 작품이라는 것은 사람이 지나온 삶의 다름만큼이나 다르게 보이는 것이라서 꾸준히 많이 보고, 읽고, 들으며, 그것을 나눌 사람이 필요한 것 같아요.

아직 과거의 상처로부터 벗어나지 못한 어린아이를 품은 당신이, 그런 작품도, 함께 할 사람도 만나실 수 있기를 응원합니다.

해질녘엔 영원한 변화를

"오, 인생이 이렇게 중대해질 수 있다니 누가 알았겠어? 아침은 평소처럼 시작한다 해도, 해질녘에는 영원한 변화를 가져올 일이 생기곤 하잖아."

보통의 하루란 평소라는 단어와 가장 비슷한 것 같습니다. 일상이라는 단어도요. 늘 같은 침대에서 일어나, 몸이 기억하는 대로 익숙하게 진행하는 기상 직후. 이 당연한 시작 이후에 삶이 영원처럼 멀어질 수 있다는 생각은 얼마나 저를 설레이게, 또 두렵게 만드는지요. 변화란 멀리 있는 것, 평범한 오늘에는 일어나지 않을 것. 그런 기대 없는 하루에 작은 용기와 작은 시도가 얼마나 큰 결과를 일으킬 수 있는지 상상할 힘이 나에게 있다면 어떨까요. 인생을 움직였던 순간들을 돌이켜보면 하루가 끝날 무렵 큰 변화가 일어날 줄 아침의 저는 알지 못했습니다. 그렇기에 이 삶에 여전히 찾아내야할 보석 같은 순간이 셀 수 없이 숨겨져 있음을 깨닫습니다.

늘 어제와 다를 것 없는 하루가 시작되지만, 그것이 보통의 하루와는 얼마든지 다를 수 있음을 아는 사람으로 살고 싶어요. 내가 지금까지의 삶을 통해 무언가를 바라기 때문인 것 같습니다. 고민을 고민으로 끝내지 않고, 분명 어떤 선택을 해낼 수도 있을 거예요. 그러지 않았던 무수한 사건들로부터 '해질녘의 영원한 변화들'을 만들어내지 못했던 일이 켜켜이 쌓인 묵은 먼지처럼 제 마음 속에 남아있어서요.

빨간머리 앤(원제: Anne of Green Gables)은 가끔 삶이 어느 한 곳에 우두커니 멈춰 더 이상 나아갈 동력을 얻지 못할 때마다 수혈하는 시리즈입니다. 늘 새롭게 와닿는 대사가 생기고, 또다른 등장인물의 시선에 몰입해 느끼는 새로운 감정이 있습니다. 텔레비전도, 스마트폰도, 자동차도 없던 시절의 보수적인 사회에 사는 사람들의 꽉 막힌 사고가 답답할 때도 있지만, 그들이 아직 간직한 순수와 일렁이는 변화의 파동이 마음을 간질입니다.

"넌 내가 원한지도 몰랐던 소원의 결실이란다."
농장 일을 도울 수 있는 남자아이를 입양하려던 커스버트 남매는, 보육원의 착오로 도착한 여자아이 앤을 다시 돌려보냅니다. 하지만 반짝이는 앤의 눈망울과 그 안에 스친 실망의 빛에 마음이 쓰인 매튜와 마릴라는 앤을 찾으러 급히 기차역으로, 선착장으로 향해요. 누가 알았을까요. 그 소녀가 자신들의 현재와 미래를 바꾸고, 과거를 다시 돌아보게 해줄지. 그렇게 영원히 돌이킬 수 없는 삶을 만들어갈지.

어느날 평소처럼 저녁 식사를 하다가, 배우자가 우리 갑자기 다른 도시로 떠나자 말을 꺼내 "정말?" 몇 번쯤 되묻고는 짐을 싸서 떠났어요. 다른 도시에서 열리는 영화제로요. 그곳에는 밤새 공연이 열리고 있었습니다. 그렇게 24시간이 지난 후에 저는 다시 저희집 식탁에 앉아 저녁을 먹었어요. 고작 몇 시간 전의 일이 아주 먼 꿈처럼 느껴졌어요. 조금의 과감함, 어쩌면 무모함, 계획없음, 하지만 현실을 잊지 않는 최소한의 책임감. 그리하여 청춘이나 낭만이라 부를 수 있었던 순간을 지나옵니다. 그 순간을 기점으로 과거와 미래는 영원히 다른 풍경이 됩니다.

앤은 몽상가입니다. 가끔은 현실과 이상을 구분하지

못하고, 의욕 과잉으로 사람들을 곤란하게 만들죠. 하지만 앤에게는 주변을 변화시키는 힘이 있습니다. 친구들과 마을 사람들은 앤에게서 타인을 위한 꾸밈 없는 마음을 배우고, 진정으로 삶을 사랑할 용기를 얻습니다. 자신을 당당하게 드러낼 자유와 자신만을 위한 꿈을 꿀 용기의 불씨를 가슴 속에 틔우죠.

우리가 함께 몽상하며 일상에 작은 혁명을 일으킬 수 있기를 바랍니다. 문득문득 찾아드는 충동을 허락해줄 용기가 있다면 좋겠습니다. 타인의 이상함을 함께할 용기가 나에게 있기를, 나의 몽상이 좋은 타인을 만나 불꽃을 일으키기를 바랍니다.

송재은

영원하기를 바랐던 것은 이내 흐려지고, 망각의 힘을 빌리고 싶었던 것은 영영 잊히지 않을 것만 같다. 어떤 것은 글로 써서 선명하게 하고, 어떤 것은 역시 글로 써서 흐려지도록 한다. 아직은 간직하려 할 때도, 털어내려 할 때도 글로 쓰는 방법 하나밖에 가지지 못했다.

1992년 서울에서 태어났다. 에세이 <일일 다정함 권장량>, <사랑과 두려움에 대하여> 등, 소설 <송이송이 따다 드리리(공저)>, <파랑을 가로질러(공저)> 등을 썼다.

slow2nough@gmail.com

망각과
영원에
대하여

Copyright ⓒ 2025 송재은

글

송재은

초판 1쇄 펴냄 **2025년 10월 31일**

편집과 디자인 **송재은**

펴낸곳 **임시보관소**
이메일 **project_imsi@naver.com**
인스타그램 **@project_imsi**
출판 등록 **2024년 1월 22일 제25100-2024-010호**

ISBN **979-11-986424-5-5(03810)**

* 이 책의 내용의 전부 또는 일부를 재사용 하려면
펴낸 곳을 통한 저작자의 동의를 받아야 합니다.